Ingrid Theresia Bleier

Vom Inneren zum Göttlichen Kind

Haftung

Die Informationen dieses Buches sind nach bestem Wissen und Gewissen dargestellt. Sie ersetzen nicht die Betreuung durch einen Arzt, Heilpraktiker oder Psychotherapeuten, wenn Verdacht auf eine ernsthafte Gesundheitsstörung besteht. Weder Autorin noch Verlag übernehmen eine Haftung für Schäden irgendwelcher Art, die direkt oder indirekt aus der Anwendung des Inhalts dieses Buches entstehen könnten.

Bitte fordern Sie unser kostenloses Verlagsverzeichnis an:

Smaragd Verlag
In der Steubach 1
57614 Woldert (Ww.)
Tel.: 02684-97848-10
Fax: 02684-97848-20
E-Mail: info@smaragd-verlag.de
www.smaragd-verlag.de

Oder besuchen Sie uns im Internet unter der obigen Adresse.

© Smaragd Verlag, 57614 Woldert (Ww.)
Deutsche Erstausgabe: Januar 2013
© Cover: styleuneed − Fotolia.com
Umschlaggestaltung: preData
Satz: preData
Printed in Czech Republic
ISBN 978-3-941363-85-4

Ingrid Theresia Bleier

Vom Inneren zum Göttlichen Kind

Ein medial übermitteltes Selbsthilfe-Praxisbuch zur Tiefenheilung des Kindes in uns

Unter Mitwirkung von Lisa Strixner

Smaragd

Über die Autorin

Ingrid Theresia Bleier ist Medium, spirituelle Lehrerin und Heilerin und arbeitet seit 20 Jahren in eigener Praxis. Ihr reiches Wissen über energetisches Heilen, Persönlichkeitsentwicklung und spirituelles Wachstum gibt sie seit über zehn Jahren weiter, zunächst in der von ihr gegründeten ersten Schule für Auratherapie, jetzt unter dem Namen ZeitgeistSeminare in Starnberg. Ein Herzstück bildet ihre Innere-Kind-Arbeit als Vorbereitung für das Leben der Kinder Gottes auf der Neuen Erde.

Die Intensität ihrer Seminare entsteht aus der klaren Anbindung an die göttliche Ebene. Ihre Lehrmeister sind seit einigen Jahren vor allem die Elohim, die mächtigen Schöpferengel Gottes, die uns Menschen in dieser Übergangszeit unterstützen. Über ihre Arbeit mit den Elohim schreibt die Autorin aktuell.

Ingrid Theresia Bleier sagt: „Wesentlich bei meiner Arbeit und meinem Schreiben ist es, Kanal für die göttliche Welt und ihre erstaunlich alltagstauglichen Hilfestellungen sein zu dürfen. Mein Anliegen ist es, auf diese Weise bei der Heilung und Transformation für Menschen und Erde mitzuhelfen."

Inhalt

VORWORT DER ENGEL

Wir Elohim haben die Aufgabe, euch Menschen beim Übergang in die Neue Zeit zu unterstützen. Ingrid Theresia ist eine Lichtarbeiterin und Botschafterin für uns, um euch Menschen bewusst zu machen, dass alles einfacher geht, wenn ihr euch eurer göttlichen Herkunft, eurer göttlichen Weisheit, eurer Individualität und eures Besonders-Seins bewusst seid.

Dieses Buch ist euch zur Heilung eurer in der Dualität angelegten Muster, Familienstrukturen und Selbstzweifel gegeben. Sie sind über verschiedene Erlebnisse entstanden und gelten auf der göttlichen Ebene nicht. Legt deshalb eure alten Kleider ab! Damit meinen wir alte Muster wie Klein- und Begrenztdenken, falsche Beziehungsformen, Machtstrukturen, Ängste, egoistische Veranlagungen, Getrenntheitsgefühle, Neid, Kritiksucht, Anhaftungen, Mangelbewusstsein, Ablehnungstendenzen, Abgrenzungsdefizite, Sucht nach Anerkennung, Helfersyndrom, mangelnde Selbstliebe usw.

Wenn ihr also durch das Ablegen alter Kleider immer freier werdet von Verstrickungen in Emotionen und Leid (mit denen ihr euch nicht länger identifiziert), werdet ihr in euren Gefühlen klarer und geht achtsamer mit euch und anderen um. Dies bringt euch mehr und mehr zum göttlichen Durchleuchtetsein, zum wahren Einssein mit allem, statt Getrenntsein von allem. Wenn ihr im Einssein seid,

seid ihr in der Liebe, und dann seid ihr im vollen Potenzial von Glauben, Wahrhaftigkeit und Frieden.

Sobald ihr das erkennt und lebt, seid ihr in der neuen Schwingungsebene und zieht mit eurer Liebe und eurem Tun, MitschöpferTUN, Situationen und Menschen an, die sich auf der gleichen Ebene oder Schwingung befinden, womit sich das Ganze verstärkt. Licht bestrahlt Licht, es bündelt sich und wird heller. In der realen Welt bedeutet diese Verstärkung aber auch, dass niedrigere Frequenzen mit angehoben werden. Beispiel: Wenn euer Nachbar anfängt aufzuräumen, zu entrümpeln oder das Haus zu streichen, seid ihr dann nicht animiert, ebenfalls alles zu bereinigen, zu ordnen und zu verschönern?

Eure positive Ausrichtung ist also in diesem Jahr 2012 und in der kommenden Zeit wesentlich, auch global!

Wir schicken euch Menschen an dieser Stelle Licht und Liebe und freuen uns, mit euch zu sein, mit jedem Einzelnen von euch Seelenwesen. Wir geben euch Klarheit, Kraft und Verständnis für Dinge, die noch unklar in euren Energiefeldern stehen. Licht, Liebe und tiefer Frieden seien mit euch. Wir lieben euch und unterstützen euren Prozess der Selbstfindung.

Seid gesehen! Seid geliebt! Seid Frieden!
Eure Elohim, Erzengel und Engelhelfer im Namen der Quelle

Einleitung

Wir leben in einer besonderen Zeit mit besonderen Herausforderungen. Gibt es da nicht dringlichere Angelegenheiten als die Arbeit am „Inneren Kind", das ohnehin wenig real erscheint?, so könnte man fragen. Überhaupt, weshalb sollte gerade das kindliche Element – ob nun in uns oder in der Gesellschaft – von so weit reichender Bedeutung sein, dass wir angesichts der massiven Probleme unserer Welt wertvolle Zeit darauf verwenden, indem wir beispielsweise Seminare besuchen, Bücher lesen oder Therapeuten aufsuchen?

Dieses Buch ist medial geschrieben. Das heißt, die zentralen Kapitel sind mir direkt von der Geistigen Welt übermittelt worden. Wie das genau vor sich geht, erkläre ich etwas später. An dieser Stelle möchte ich mit Ihnen meine eigene Überraschung teilen, als mir die Engel vor wenigen Jahren offenbarten, dass ich nun Seminare zum Inneren Kind anbieten sollte. Auch ich schätzte dieses Thema zunächst nicht als wichtig genug ein, war es doch mein tiefstes Herzensanliegen, einen Beitrag für die Erde zu leisten, also diese Welt lichter, leichter und heiler zu machen. Die Innere-Kind-Arbeit war sicherlich wertvoll, aber nicht vorrangig, so dachte ich damals.

Wie sehr habe ich meine Meinung nach den Erfahrungen dieser ganz besonderen Seminarreihe revidieren müssen, die bereits den Titel „Vom Inneren Kind zum Göttlichen Kind – Tiefenheilung des Kindes in uns in sieben Stufen" trug.

Sowohl für mich selbst als auch und vor allem für die Kursteilnehmer waren die Erlebnisse und Ergebnisse der Inneren-Kind-Wochenenden überaus gehaltvoll und, wie mir immer wieder bestätigt wurde, segensreich. Gemeinsam haben wir in diesen Gruppen Lachen und Weinen, Berührung, tiefste Erleichterung, Versöhnung und Durchbrüche an Erkenntnis erfahren. Stets wurde von den Engeln alles so gelenkt, dass am Sonntagabend das Seminar eine „runde Sache" war und Balsam auf Verletzungen gelegt wurde – für echte Integration, Wachstum und Gesundung.

So hatte ich diese Seminare zur Heilung der kindlichen Verletzungen also schätzen gelernt. Dennoch war ich widerstrebend, als mir die Engel vor einigen Monaten eröffneten, dass ich jetzt ein Buch zu diesem Thema schreiben sollte. War das wirklich noch nötig? Es gab doch bereits zahlreiche, auch gute Bücher, die sich dieser Arbeit annahmen. Ich merkte, dass ich die Aufgabe hinauszuschieben begann, immerhin war mein Terminkalender mehr als voll. Zwischen diversen neuen Seminarkonzepten, Einzelsitzungen, Gastvorträgen und Workshops quer durch Deutschland und der Herstellung meiner Essenzen blieb, so lautete meine innere Ausrede, keine Zeit mehr, ein Buch zu schreiben.

Das Thema tauchte jedoch beständig wieder auf, wenn ich in tiefer Anbindung mit meinen Geistführern und Engeln kommunizierte. Auf die Frage, ob noch irgendetwas wichtig sei, hörte ich wiederkehrend: *„Schreibe das Innere-Kind-Buch!"*, bis ich mich schließlich Ende letzten Jahres neugierig dem Dialog stellte. „Also gut", sagte ich zu meinen Engeln, „bitte sagt mir, was dies für ein Buch werden soll und weshalb es so wichtig ist."

Als Antwort tauchte ganz deutlich das Wort „Selbsterkenntnis" auf, was mich zum Nachdenken brachte. Was konnte dieses Stichwort im Zusammenhang mit meiner Frage bedeuten? Lange hatte ich schon verstanden, dass meine gesamte Arbeit dem sogenannten Selbsterkenntnisprozess diente. Darunter verstand ich, dass wir Menschen dazu in der Lage und aufgerufen sind, die Einheit allen Seins zu erfühlen und zu wissen, dass wir „Kinder Gottes" sind, also einen göttlichen Funken in uns tragen.

Die Engel sagen:

„Ihr seid Engel auf Erden und sollt erkennen, dass ihr das Göttliche in euch tragt, also alle Weisheit und alles Wissen aus der Einheit, aus der Quelle, unseres göttlichen Schöpfers, und somit dieses Licht in die materielle Welt einbringen sollt. Erkennen, dass ihr alle eins seid, das heißt, ihr seid mit jedem Wesen verbunden. So, wie ihr mit anderen Menschen und Dingen und der Erde umgeht, geht ihr letztendlich mit euch selbst um. Mikrokosmos und Makrokosmos entsprechen sich. Alles ist eins, unabhän-

gig von Zeit und Raum. Alles, was ihr für euch tut, tut ihr für ein anderes Wesen, und umgekehrt. Versteht ihr den Sinn?"

Daran, so bin ich überzeugt, gilt es, zu erinnern. Und auf diesem Weg zur Einheit erfahren wir diverse Abspaltungen, die Illusion der Trennung, und können doch jederzeit wählen, ob wir diese Anteile weiter verdrängen, oder allmählich liebevoll anschauen und integrieren wollen. Nicht ohne Grund bedeutet Heilung in diesem Verständnis Ganzwerdung. Das Anschauen alter Verletzungen, ungeliebter „Schattenseiten" und auffälliger Denk- und Verhaltensmuster gehört zu dieser Selbsterkenntnis, bevor wir sehen können, dass wir letztlich vollkommen sind und Teil der göttlichen Einheit.

Langsam ging mir ein Licht auf, worauf die Engel hinaus wollten. Tatsächlich lag die Bedeutung des Inneren Kindes darin, dass es einen großen Teil der Verletzungen und negativen Prägungen erfuhr, die wir noch heute im Erwachsenenalter bewusst oder unbewusst mit uns herumtragen. Egal ob diese 10, 20, 40 oder 60 Jahre her sind. So lange diese Wunden nicht heilen, die Verdrängungen nicht ins Licht gestellt werden, können wir nicht ganz werden, fehlt uns ein Stück zur Einheit, die für uns als Kinder Gottes unser Geburtsrecht ist.

Ich bedankte mich bei meinen Engeln für diese Einsicht. Doch sogleich tauchte eine weitere Frage in mir auf. „Ja, diese Arbeit ist wichtig. Doch es gibt bereits jede Menge guter Bücher dazu. Weshalb sollte also gerade ich noch ein weiteres beisteuern?"

„Es gibt zwei Gründe hierfür: Der eine liegt in der besonderen Zeit, in der ihr euch aktuell befindet. Der zweite liegt an der besonderen Art, in der wir mit dir arbeiten", hörte ich die Erklärung. Das klang interessant! „Könnt ihr mir dies bitte näher erläutern?"

„Ihr wisst, dass ihr euch in einer Umbruchphase befindet. Nicht nur jeder Einzelne von euch, sondern die gesamte Menschheit und die Erde, die ein lebendiges Wesen ist. Ihr erfahrt bereits seit einiger Zeit eine beständige Schwingungserhöhung. Immer höhere Energien strömen auf die Erde und fordern euch, euch diesem neuen, höheren Niveau anzupassen, indem ihr selbst reiner, heller und liebevoller werdet. Dazu ist Reinigung erforderlich. Beispielsweise im Außen durch Aufräumen, Entrümpeln und die segensreiche Wirkung von Wasser. Jedoch besonders in eurem Inneren. Die Chakrenmeditation war ein erstes Element, das dir für die Menschen gegeben wurde, damit ihr eure Aura klärt, durchlässiger macht und stärkt. Später hast du weitere kraftvolle Meditationen zur „Aurareinigung" erhalten. Jede deiner Einzelsitzungen der sogenannten Auratherapie kann in diesem Sinne verstanden werden: Altes wird angeschaut und in die Auflösung gebracht, Blockaden gelöst usw. Kein Lebensbereich bleibt dabei ausgespart. Ihr habt viel zu heilen und aufzuräu-

men. Seht euch eure Beziehungen an, eure Beziehung zu euch selbst, eure Sicht auf das Leben, die Arbeit, die Liebe usw. " Ich hielt betroffen inne. Ja, es gab so vieles zu klären und zu versöhnen.

"Wie du erkannt hast, beginnt davon das Meiste in der Kindheit – neben dem karmischen Aspekt, den du in separaten Seminaren bearbeiten darfst. Ihr lebt in einer Zeit, in der diese Abläufe erheblich beschleunigt sind, die Schwingung stetig steigt. Ist es ein Wunder, dass es allerhöchste Zeit ist, das Kind in euch zu umarmen und es anzunehmen, dem Göttlichen Kind in euch zu seinem Recht zu verhelfen und es durch euch strahlen zu lassen?"

Ich war beeindruckt und berührt. Wie wahr! Die Zeit drängte, und mir war das Geschenk dieser Übermittlungen und Meditationen gegeben. Natürlich würde ich sie so vielen Menschen wie möglich zur Verfügung stellen wollen. Aus Neugier fragte ich dennoch weiter: „Was aber ist das Besondere an meiner Inneren-Kind-Arbeit?"

"Die Qualität deiner Arbeit ist unverfälscht und hoch, da du als göttlicher Kanal für die Übermittlungen aus dem Engelreich dienst. Die Worte, die dir für die Meditationen und Einzelbehandlungen und ebenso für das Buch gegeben sind, tragen unsere Energie. Wir haben eine weitere Sicht auf die Dinge, die ihr euer Leben nennt. Und wir sehen mit den Augen der Liebe und der Versöhnung. Durch die Anleitung von uns Engeln könnt ihr gewiss sein, dass

die Bilder in euch entstehen und euch all das gezeigt wird, was der Heilung am dringendsten bedarf und jetzt angenommen werden kann. Ihr seid geführt. Versteht das so! Auch die Leser dieses Buches, so sie denn wollen und uns bitten, sind in diesem Moment mit uns in der Verbindung. Und du weißt, dass es jenseits eurer Dualität keine Zeit gibt, Kannst du dir vorstellen, was dies für deine Innere-Kind-Arbeit bedeutet?"

Ich dachte einen Moment nach. Häufig genug hatte ich es in den Seminaren erlebt: Die Heilung der Vergangenheit fand im gegenwärtigen Moment statt. Der „Film" der Vergangenheit des Klienten wurde JETZT umgeschrieben – für alle Zeiten, durch alle Zeiten. Besonders stark und unmittelbar empfinde ich dies, seitdem die Elohimengel mit mir arbeiten, die Schöpferengel Gottes. Ich bin voll tiefster Dankbarkeit, dass mich seit über einem Jahr besonders der Elohim der Gnade begleitet. Er schenkt meiner Arbeit den Gandenaspekt Gottes.

„So ist es", hörte ich aus der göttlichen Ebene. *„Durch göttliche Gnade und eure Bereitschaft und euren Glauben darf Umwandlung geschehen, Belastendes, Bremsendes, transformiert und euer lichter Kern mehr und mehr freigelegt werden."*

Genau diese Verwandlung hinderlicher Muster in neue gesunde Strukturen habe ich unzählige Male in meinen Seminaren erlebt. Wie wundervoll, dass dies nun auch über das Medium Buch funktionieren konnte! Meine Motivation zu helfen war nun endgültig geweckt.

„Es nie zu spät, eine glückliche Kindheit zu haben", formuliert Ben Furman so treffend.

Ich möchte Sie, liebe Leserin, lieber Leser, dazu ermutigen, sich echtes Glück, Heilsein und Wohlbefinden auf körperlicher, geistiger und seelischer Ebene zuzugestehen und das belastende Gepäck aus der Kindheit einfach an die Engel abzugeben.

Die Arbeit mit diesem Buch lohnt sich beispielsweise in den folgenden Fällen:

- Vielleicht ahnen Sie, dass Ihnen Verletzungen aus der Kindheit noch heute bei der Entfaltung Ihres vollen Potenzials und Ihres tiefen Glücks im Weg stehen?

- Oder Sie erinnern sich an konkrete Vorkommnisse, die noch immer traumatisch nachwirken und in Ihnen starke Emotionen wachrufen, und möchten sich von dem Schmerz befreien?

- Sie haben Sehnsucht, mit dem lebendigen, gesunden, fröhlichen Teil in Ihnen in Berührung zu kommen?

- Sie wünschen sich mehr Kreativität, Leichtigkeit und Freude in Ihrem Leben?

Für all diese und viele weitere Wünsche bietet die meditative Innere-Kind-Arbeit einen einfachen und hochwirksamen Weg. Die letzten Jahre meiner Seminartätigkeit haben mir gezeigt, wie viel Heilung dank der Engel und mit unserer Bereitschaft möglich ist. In den Gruppen haben es die Teilnehmer als äußerst tröstend und ermutigend empfunden, zu erfahren, dass wir alle Verletzungen und Defizite erfahren haben und Umwandlung und Harmonisierung möglich sind, die im Alltag spürbar werden. In diesem Sinn möchte dieses Buch konkrete Praxisanleitung und Mutmacher zugleich sein.

Wie Sie mit diesem Buch arbeiten können

Sie halten ein Selbsthilfe- und Praxisbuch in Händen, mit dem Ziel, direkt an Ihren persönlichen Themen zu arbeiten und greifbare und spürbare Ergebnisse zu erreichen.

Daher beschränkt sich das theoretische Wissen auf ein Minimum. Wesentliche Zusammenhänge werden erläutert, die uns verstehen lassen, wie Prägungen, Emotionen, Idenentität, Lebensgefühl, Geist und Seele in Wechselbeziehung zueinander stehen. Häufig wird die Dynamik unserer Ursprungsfamilie dadurch besser durchschaubar. Ohne Schuldzuweisungen kann so der Wunsch in uns aktiviert werden, aus dieser Dynamik, soweit sie uns nicht mehr guttut oder förderlich ist, auszusteigen und uns für Positives, Neues, für unsere eigene Wahrheit zu öffnen.

Das Buch gliedert sich in sieben Unterkapitel zur Tiefenheilung des Kindes in uns. Diese entsprechen den sieben Altersstufen des Kindes. Es beginnt vor der Geburt, mit dem Moment der Zeugung, denn von diesem Augenblick an erfährt die Seele Prägungen und Einflüsse, zunächst überwiegend über die Mutter, später durch ein größeres Umfeld und weitere Bezugspersonen.

Besonders großen Wert legte meine göttliche Führung auf das Neuerleben des Geburtsprozesses selbst. Dieses neue Ankommen halte ich für die größte Gnade, sofern es überhaupt sinnvoll ist, einzelne Abschnitte dieses Prozesses noch einmal gesondert hervorzuheben. Diese „Neugeburt" – ja, eine Wiedergeburt – bedeutet für mich eine komplett neue, freie Weichenstellung für unser Leben, eine wunderbare Chance, noch einmal ganz von vorne anzufangen.

Das Kernstück stellen die medial übermittelten Meditationen dar. Meditationen erlauben es uns, an den stillen Ort in uns zu gehen, den Raum unseres Herzens. Dort haben wir Zugang zu unserer inneren Weisheit, und von dort ist es uns möglich, in Verbindung mit der Geistigen Welt, mit Gott oder den Engeln zu treten. Jeder mag für diese Verbindung andere Worte nutzen, stets geht es jedoch darum, uns für eine höhere Sicht und Quelle der Liebe und Wahrheit zu öffnen. Meditation ist also grundsätzlich diese Innenschau oder Versenkung, Kontemplation und jedes tiefe Gebet.

Hier werden sogenannte geführte Meditationen genutzt. Das heißt, Sie werden durch das Lesen der Meditationstexte in einen entspannten, offenen Zustand geführt, in dem Ihnen auf der weiteren inneren Reise Bilder angeboten werden, die es Ihnen erlauben, Einblicke in die Kindheit zu gewinnen und sogleich alles Belastende darin umzuwandeln. Die Kraft der Meditation entsteht aus diesen beiden Elementen: Einsicht/Erkenntnis und Transformation.

Das Geschenk besteht darin, dass die Engel und Elohim uns den genauen Wortlaut aller Meditationen übermittelt haben und in ihrer großen Weisheit und Liebe dafür sorgen, dass so sanft wie möglich und so nachhaltig wie nötig Heilung, Integration, Verstehen und Verzeihen geschehen – bei jedem Einzelnen von uns, der sich auf diese meditative Reise einlässt.

Ich empfehle Ihnen, zunächst das Buch achtsam durchzulesen und dabei die Informationen nicht nur mit dem Kopf, sondern auch mit dem Herzen aufzunehmen. Eine Annäherung an das Thema geschieht bereits beim reinen Durchlesen der Meditationen. Für eine intensive und tiefenwirksame Arbeit möchte ich Sie jedoch einladen, die Meditations-CD zu nutzen. Sie erlaubt es Ihnen, völlig zu entspannen, auch Ihre Augen, und den Verstand noch mehr loszulassen. So können die Worte noch direkter mit Ihrem Unterbewusstsein in Resonanz gehen. Seien Sie gewiss, dass Sie alle wichtigen Gefühle, Bilder, Informationen oder sonstige Wahrnehmungen erhalten werden.

Bitte nehmen Sie sich ausreichend Zeit für jede einzelne Meditation und bereiten Sie diese achtsam vor, indem Sie sich einen Ort suchen, an dem Sie ungestört verweilen können. Suchen Sie sich ferner einen bequemen Platz, um dort in meditativer, entspannter Haltung für jeweils 20 bis 30 Minuten sitzenzubleiben. Um den Energien zu erlauben, frei zu fließen, achten Sie bitte auf eine aufrechte Position Ihrer Wirbelsäule.

Mitunter mag es hilfreich sein, Ihr Energiefeld durch ein gutes Aura-Spray zu klären, einen beruhigenden Duft (vorzugsweise reines ätherisches Öl) in eine Duftlampe zu geben. Vielleicht mögen Sie das Licht dimmen, für warme Füße und Ihr allgemeines Wohlbefinden sorgen. Später gehe ich ausführlicher auf die Meditationsvorbereitung und mögliche Fragen zur Arbeit mit diesem Buch ein.

Idealerweise beginnen Sie mit der Lektüre und machen die erste Meditation und im Anschluss den Fragenkatalog – oder in umgekehrter Reihenfolge, wie es Ihnen stimmiger scheint. Bleiben Sie bei einer Stufe, bis alle Aspekte bearbeitet sind. Ich empfehle Ihnen, nicht öfter als einmal pro Woche eine Meditation durchzuführen.

Außerdem finden Sie zu jedem Kapitel, das heißt, zu jeder Altersstufe, kraftvolle, von den Engeln durchgegebene Sätze, die sich im Sinne von Affirmationen nutzen lassen. Das bedeutet, diese Sätze so häufig wie möglich zu denken, zu sprechen oder zu lesen – in dem Bewusstsein und in der Absicht, sie so in unser mentales Feld aufzunehmen und zu verinnerlichen. So können alte ungünstige Denkgewohnheiten und Glaubenssätze durch positive Alternativen abgelöst werden.

Die Sprache der inneren Bilder

Manchen mag es überraschen, dass die Sprache der Meditationen recht schlicht gehalten ist. Der Grund dafür liegt in der Funktionsweise unseres Unbewussten. Anders als unser bewusster Verstand oder Intellekt verwendet das

Unterbewusstsein Bilder und Gefühle, um mit uns zu kommunizieren. Dies ist auch die Sprache unseres Herzens. Wenn wir unser Innerstes und unser Inneres Kind erreichen und heilen möchten, steht uns eine abstrakte, komplizierte Sprache nur im Weg. Die bildhaften, einfachen, von Wiederholungen geprägten Formulierungen hingegen berühren direkt unsere Seele. Unser Herz versteht und reagiert sofort, ohne Umwege.

Es ist also wahrscheinlich, dass während der Meditationen in Ihnen gleichfalls Bilder entstehen oder Gefühle beziehungsweise Körperempfindungen. Bitte notieren Sie sich alle diese Wahrnehmungen, ohne sie zu beurteilen. Manche Menschen erhalten stattdessen oder zusätzlich innere Sätze und unmittelbare Einsichten (intuitives Wissen). Alles ist erlaubt und gut und dient der Transformations- und Heilungsarbeit. Lassen Sie sich darauf ein und erlauben Sie Ihrer inneren Weisheit, Sie auf diesem Weg zu leiten. Und denken Sie an die liebevolle Führung und Unterstützung der Engel. Sie sind Schritt für Schritt für Sie da. Bitten Sie sie, fragen Sie sie! Sie sind so gerne für uns da.

Unterstützung durch Essenzen

Neben meiner Tätigkeit als Heilerin, Medium und spirituelle Lehrerin stelle ich geistige Essenzen in der Tradition der Bachblüten her, die der eine oder andere von Ihnen vielleicht bereits kennt.

Seit zwölf Jahren produziere, nutze und vertreibe ich unter dem Namen COSMOMEDITERRA LIGHT FOR LIFE ESSENCES Themen-, Chakren-, Engel- und Farbessenzen als Unterstützung unserer Heil- und Entwicklungsarbeit. Über 200 Essenzen wurden mir so im Laufe der Zeit von der Geistigen Welt gegeben.

Für die Innere-Kind-Arbeit sind acht besondere Einzelessenzen entstanden: eine allgemeine Innere-Kind-Essenz und sieben für die einzelnen Altersstufen, die sehr gut zur Verstärkung und Erleichterung der Transformation eingesetzt werden können. Sie können die jeweilige Essenz (die am Ende des entsprechenden Kapitels genannt wird) während der Meditationen in der Hand halten, in Ihre Aura einfächeln oder auf Ihren Puls beziehungsweise ein Chakra (Energiezentrum) verteilen. Oder Sie können die Essenz eine gewisse Zeit begleitend bei sich tragen beziehungsweise unter das Kopfkissen legen.

Neben diesen Spezialessenzen weise ich noch auf die besonders vielseitig einsetzbaren Farbessenzen hin. Elf COSMOMEDITERRA Farbessenzen stehen Ihnen zur Verfügung. In den Seminaren haben wir erlebt, dass das Innere Kind besonders gut auf das „Aufpäppeln" mit reinen Farbfrequenzen anspricht. Farbe ist Leben, Nahrung und heilsame Schwingung. Vielleicht haben Sie Lust, mit diesen Schwingungen zu spielen. Informationen erhalten Sie auf meiner Website www.cosmomediterra.com.

Doch nun lade ich Sie ein, alle Gedanken loszulassen und Ihr Inneres Kind unter der Führung der Engel kennenzulernen. Das erste Kapitel ermöglicht Ihnen einen sanften Einstieg wie ein erstes „Beschnuppern". Freuen Sie sich auf diese Begegnung – wer weiß, wie lange das Kind in Ihnen schon darauf wartet.

Im zweiten Kapitel schauen wir uns noch einmal genauer an, was hinter der Inneren-Kind-Arbeit steckt und sie so lohnend macht. Dieses Hintergrundwissen – aus Sicht der Engel – mag dazu beitragen, dass Ihre Motivation, den Praxisteil durchzuarbeiten, weiter wächst.

Das ist der richtige Zeitpunkt, um in Kapitel drei nach und nach unser Kind in seiner Entwicklung, von der Zeugung bis zum Erwachsenwerden, zu begleiten und zu heilen. Ich freue mich auf diese Reise. Sie auch?

Es versetzt mich selbst heute noch immer in Erstaunen, wie stark die Engelwelt in unserem Leben positiven Einfluss nehmen kann und welch große Helfer die Engel uns sind – und das nicht nur in der Not, sondern auch im Alltag. Nehmen wir es dankend an und danken Gott, dass wir seine Kinder sind.

In großer Dankbarkeit an meine Engel und an Gott. Licht, Liebe und Segen für alles Sein.

Ingrid Theresia Bleier

Was ist das „Innere Kind", und wie kann ich es kennenlernen?

Das Kind in mir – das unbekannte Wesen?

Sie haben vielleicht bereits vom sogenannten Inneren Kind gehört und fragen sich doch: Was oder wer genau ist denn dieses Kind? Sie verbinden damit womöglich Erinnerungen an Ihre Kindheit, Fragmente Ihres kindlichen Erlebens, die mal schön oder weniger schön waren. Aber gibt es dieses Kind heute noch? In Ihnen? Und wo genau soll das sein? Diverse Bücher haben uns vielleicht schon ein wenig für die Persönlichkeitsanteile in uns sensibilisiert, wie die Psychologen es nennen. Die Psychologie bietet dementsprechend diverse Methoden an, um mit den Persönlichkeitsanteilen in uns auf Tuchfühlung zu gehen, sie zu „verstehen" und sie, wenn möglich, zu integrieren.

Ich möchte Ihnen anstelle einer wissenschaftlichen Definition für das Innere Kind eine Beschreibung anbieten, die wiederum in einfacher Sprache gefasst ist, damit sie auch und vor allem von unserem Herzen verstanden wird: Wir alle tragen ein Kind in uns, das Kind, das wir einmal waren. Im Grunde stellt das Kind in uns unsere unverfälschte und heile Persönlichkeit dar. Es ist unser Wesen, das noch nahe an der Einheit mit dem Göttlichen ist, unsere Seelenessenz, bevor sie mit dem Licht- und Schattenspiel auf dieser Welt konfrontiert wurde. Das Innere Kind kennt in seiner reinsten Form – als Göttliches Kind – noch nichts Böses, das es verdrängen, abspalten oder verleugnen müsste. Es ist im Einklang mit seinen Gefühlen, die es unverfälscht, ohne Scham, Schuldgefühle, Angst oder Kontrollversuche zeigen und ausdrücken kann.

Der Begriff des Göttlichen Kindes wurde mir zur Beschreibung des geheilten Inneren Kindes von den Engeln gegeben, das in seiner ganzen Schönheit, Kraft, Lebendigkeit und Weisheit erstrahlt, sobald wir Schicht für Schicht und Schritt für Schritt wieder „zu uns selbst" finden und frei werden von falschen Begrenzungen, Schuldgefühlen, Ängsten, Selbsthass und Wut.

Für dieses Freilegen und Leuchten des Göttlichen Kindes brauchen wir Mitgefühl und Liebe, vor allem Eigenliebe, Verzeihen und Vergeben sowie Verstehen und ein wenig Mut, Altes noch einmal anzuschauen und Frieden damit zu schließen. Alle diese Eigenschaften finden wir in uns, wenn wir unser Herz öffnen. Unser Herz ist jener Tempel oder Raum, in dem das Feuer der Liebe brennt und zur Verwandlung genutzt werden kann. Deshalb ist das Herz der Schlüssel für die Arbeit, die ich Ihnen anbiete. Die Engel helfen uns, diese Herzöffnung und Herzensarbeit zuzulassen.

Ein schöner und hilfreicher Weg, um den Wandel vom verletzten Inneren Kind zum geheilten Göttlichen Kind in uns anschaulich zu erleben, ist übrigens mit Hilfe der Auratherapie möglich. Als aurasichtige Heilerin erkenne ich im Energiefeld der Menschen all die genannten und weitere Verletzungen und Störungen in Form von Flecken, Trübungen, Dellen, Energiedefiziten, Staus, Blockaden, falschen Drehrichtungen der Chakren und vielen anderen Erscheinungen. Ich kann überdies unterscheiden, ob Belastungen und Disharmonien überwiegend gefühlsmäßiger Natur sind (sichtbar in der sogenannten Emotionalschicht der Aura) oder in den Gedankenstrukturen festsitzen (Mentalschicht der Aura). Menschen mit einem weitgehend geheilten Inneren Kind haben hingegen in der Regel ein geklärtes, weites, strahlendes Aurafeld.

Ein geklärtes Energiefeld, sofern es mit den entsprechenden Erkenntnissen und einer innerlichen Neuausrichtung einhergeht – was mir wichtig ist zu betonen –, hat wiederum eine ganz andere Ausstrahlung und Anziehungskraft, das heißt, es zieht nach dem universellen Resonanzgesetz andere Erfahrungen im Leben an.

Menschen mit geheiltem Kindanteil in sich sind mehr im Einheitsbewusstsein und im Frieden mit Allem-was-ist sowie stärker und selbstverständlicher in ihrem individuellen Ausdruck. Das verstehe ich unter echtem Selbst-Bewusstsein.

Wir werden auf die Effekte der Inneren-Kind-Heilung im folgenden Kapitel noch näher eingehen.

Ich möchte jetzt eine Übermittlung der Engel einfließen lassen, die uns das Thema aus ihrer erweiterten, liebenden Sicht verdeutlichen

„Es ist wichtig für euch Menschen zu erkennen, was ihr emotional gespeichert beziehungsweise erlebt habt und wie bestimmte Erlebnisse euch zum ängstlichen, traurigen, wütenden oder extrem (un)emotionalen Menschen haben werden lassen. Indem ihr dies in euch selbst erkennt, bearbeitet und löst, geschieht wesentliche Heilung.

Der Mensch erlebt im Laufe seines Lebens immer wieder Prüfungen und Geschehnisse, die ihn prägen und seine Persönlichkeit ausmachen, mit all ihren Facetten beziehungsweise Charakterschwächen und -stärken. Anerzogene, häufig hinderliche, einschränkende oder bremsende Strukturen und Muster sind maßgeblich daran beteiligt, wie ein Mensch sich verhält, konventionell und unkonventionell. Also gilt es für den neuen Menschen in eurer Zeit, diese Dinge zu erkennen und aufzulösen.

Möglich wird es, indem ihr wahrnehmt, dass jeder von euch ein Kleinkind in sich trägt, das genauso unschuldig, sicher und gradlinig ist, wie ihr euch als Kind geäußert beziehungsweise gefühlt habt, als ihr noch nicht von Konventionen und gesellschaftlichen Normen geprägt wart.

Ihr seid eingeladen, dieses Kind, diesen Anteil in euch zurückzuholen und zu erleben, wie stark dieses kleine Kind in euch damals im Grunde war. Dieses kleine Kind

hat genau gewusst, was es will und was nicht. Alles ande-
re sind anerzogene Strukturen und Formen, die natürlich
wichtig sind im Leben, damit Menschen überhaupt gesell-
schaftsfähig sind und miteinander zurecht kommen. Aber
der gesunde innere, intuitive Anteil des Kindes wurde da-
durch oft nicht gesehen oder beachtet.

Erziehungsmuster wie „Das tut man nicht", „Das ge-
hört sich nicht", „Das kannst du nicht" usw. haben jeden
Einzelnen von euch geprägt. Wenn ihr euch erlaubt, euren
ursprünglichen, den intuitiven Anteil wieder zu integrieren
und für euch erkennt, wie wichtig es ist, die Verbote und
Ablehnung, die euer Inneres Kind immer wieder erfahren
hat, aufzulösen, werdet ihr innerlich wachsen, selbst-be-
wusster werden und dadurch eure Individualität mehr und
mehr leben können. Eure Seele darf ein Stück heiler, lich-
ter und ursprünglicher werden, und ihr erinnert euch an
eure Göttlichkeit."

Für einen ersten „Lagebericht" und um ein Gefühl für
das Kindliche in uns zu entwickeln, hat mir die Geistige
Welt einen Fragebogen übermittelt, anhand dessen jeder
für sich selbst herausfinden kann, ob und wie stark das
Kind in ihm verletzt oder vernachlässigt wurde.

Fragen zum Zustand Ihres Inneren Kindes

Entspannen Sie sich, spüren Sie in sich hinein und denken Sie an Situationen aus Ihrem heutigen Alltag. Antworten Sie dann spontan, ohne zu bewerten. Sie sind wiederum eingeladen, Ihre Antworten kurz zu notieren.

1) Habe ich eine eigene Meinung, und darf ich sie vertreten beziehungsweise ausdrücken?

2) Habe ich das Recht, an einem Ort (in einem Raum, auf einem Fest, in einer Beziehung, an einem Arbeitsplatz usw.) zu bleiben oder von ihm fortzugehen, wenn ich mich (nicht) wohlfühle, unabhängig von den Entscheidungen oder der Meinung anderer?

3) Höre ich auf meine innere Stimme oder inneren Wahrnehmungen, die mir sagen, was für mich jetzt richtig und stimmig ist? Und erlaube ich mir, danach zu leben?

4) Will ich meinem Umfeld gefallen oder es allen stets recht machen?

5) Erkenne ich meine Grundbedürfnisse, zum Beispiel wenn ich müde, erschöpft, hungrig oder unternehmungsfreudig bin? Und gehe ich ihnen nach?

6) Kann ich mich abgrenzen, wenn ich es will und brauche? Das heißt zum Beispiel, stets dann, wenn ich in

den Augen der anderen „funktionieren" soll, zu erkennen, dass ich nicht zwingend „funktionieren" muss?

7) Kann ich mich durchsetzen und behaupten, ohne gleich streiten zu wollen?

8) Fühle ich mich von meiner Familie oder/und meinen Freunden geachtet und geliebt?

9) Erkenne ich mein Recht auf Lust in der Sexualität? Und wie lebe ich sie? Erlaube ich sie mir selbst oder will ich zu viel, ohne Rücksicht auf den anderen?

10) Vertraue ich auf das Leben und auf Gott?

Erläuternd sagen die Engel dazu:

„Dieses waren Fragen, die ihr euch stellen solltet, um grundsätzlich festzustellen, ob der innere Anteil verkümmert ist, da er nicht gehört beziehungsweise gelebt werden durfte. Werdet euch bewusst, wie anerzogene falsche Strukturen euch zu dem Menschen gemacht haben, der ihr seid und der vielen anderen gleicht, weil er anpassungsfähig geworden ist und sich nicht erlaubt, seine eigene Form beziehungsweise seine eigenen individuellen Seiten zu leben."

Engel lieben uns, Engel leiten uns

In diesem Sinne begeben wir uns nun langsam auf den Weg, unser ureigenes Wesen, unsere Individualität und Lebendigkeit, neu zu entdecken. Zum Abschluss dieses ersten Kapitels lade ich Sie ein, sich den kindlichen Anteile in Ihnen behutsam anzunähern. Seien Sie sich bewusst, dass Sie diesen Weg nicht alleine, sondern mit weiser und liebevoller Engelbegleitung gehen. Speziell Erzengel Raphael, der Heiler Gottes, und die persönlichen Schutzengel führen uns. Außerdem sind die göttlichen Elohim für uns da, die mächtigen Schöpferengel Gottes.

An dieser Stelle möchte ich kurz ausholen und Ihnen die Elohim und meinen Kontakt zu dieser geistigen Ebene vorstellen: Seit vielen Jahren arbeite ich nun mit den Erzengeln zusammen und biete Ausbildungen zur Auratherapie, Transformations- und Intuitionsschulungen, Seminare und Workshops an der von mir ins Leben gerufenen Schule für Auratherapie an, die zunächst in München und seit 2011 unter dem Namen *ZeitgeistSeminare* in Starnberg, südlich von München, ihren Standort hat. Alle Seminarthemen und -konzepte sind mir medial von den Erzengeln, allen voran Erzengel Raphael, übermittelt worden. Sie leiten mich Schritt für Schritt auf meinem Weg des Dienens als Kanal der göttlichen Energie, als Medium, Heilerin und spirituelle Lehrerin, und helfen mir, sodass ich meine Aufgabe erfüllen kann. Die Aufgabe ist, einen Beitrag zur Heilung und Transformation von Mensch und Erde zu leisten.

So kamen neben den Einzelbehandlungen (Heilarbeit und Einweihungen für den einzelnen Menschen) immer mehr Gruppenarbeit und Seminare wie die Ausbildung zur Auratherapeutin/zum Auratherapeuten, die Intuitionsschulung, Seminare zur Erdheilungs- und Heilarbeit für ursprüngliche Kraftplätze, Karmaerlösung und Naturgeisterkommunikation hinzu.

Seit zwei Jahren arbeite ich nun intensiv mit den Elohim, den Schöpferengeln Gottes. Richtiger formuliert ist wohl, dass die Elohim mit mir arbeiten. Sie haben sich eines Tages bei mir gemeldet und mich in einem stufenweisen Prozess gezielt trainiert, damit ich die sehr hohe Energiequalität überhaupt aushalten konnte. Sie haben mich geschult, damit auch ich in meiner Schwingung genügend erhöht und für die Kommunikation mit den Elohim vorbereitet wurde. Wie dies genau vor sich ging, werde ich in einem nächsten Buch darlegen, denn die Elohim haben mich bereits gebeten, all dies niederzuschreiben, speziell meine Erfahrungen, wenn ich von ihnen „abgeholt" werde. Wer die wunderbare Energie der Elohim und ihre Aufgaben einmal kennenlernen möchte, ist gerne zu einem Elohimseminar eingeladen, das ich bei *ZeitgeistSeminare* anbiete.

Natürlich habe ich die Elohim danach befragt, weshalb sie jetzt zusätzlich zu Erzengel Raphael mit mir in Kontakt stünden. Folgendes erklärten sie mir dazu: Aufgrund der aktuellen Zeitqualität des Umbruchs und des Wandels, den wir in und um uns, privat und kollektiv erleben und noch weiter erleben werden, und des Anbruchs der Neuen Zeit schalten sich jetzt diese besonderen Engel – sie sind sozusagen die Engelmächte aus den Schöpfungstagen – in unser Erdengeschehen ein und sind uns Menschen eine unschätzbare Hilfe, wenn wir sie nur bitten und es annehmen können, damit wir uns sicherer, angstfrei und innerlich stabil in die Neue Zeit bewegen. Sie möchten uns an unsere Fähigkeiten und unsere Verantwortung als Mitschöpfer Gottes erinnern. Weiter erklärten mir die Elohim, sie hätten sich als Mittler einige Lichtarbeiter ausgewählt, die eine reine Helfer- und Herzensenergie und eine Hingabe an den Dienst am Ganzen mitbringen.

Die Elohim sagten mir weiter:

„Du bringst aus dieser Ebene, in der du mit uns Elohim in Verbindung stehst, ein anderes Wissen zutage als bisher. Es hat mit der Umstrukturierung der Welt zu tun."

Dies ist mir nun klar, denn Erzengel Raphael ist primär für die Heilung der einzelnen Menschen zuständig. Die Elohim scheinen hingegen eine globale Aufgabe für die Menschheit und die Erde zu erfüllen. Sie haben sich mir als sieben sehr große und sehr helle, weiße Engelwesen vorgestellt. Sie schenken uns eine ganz neue, äußerst kraftvolle Energie für den Dimensionswechsel 2012 und darüber hinaus – für unsere persönliche Stabilität und besonders für Erlösung und Erneuerung auf globaler Ebene.

Die Elohim selbst sagen dazu:

„Für den Umbruch in die Neue Zeit bringen wir Elohim wichtige Informationen und unterstützen euch im Mitschöpfersein. Schaltet uns also mehr zu! Wir möchten euch helfen, dürfen dies jedoch nur, wenn ihr uns bittet."

Mehr über die einzelnen Qualitäten und Aufgaben der Elohim sowie unsere Möglichkeiten des Mitschöpfertums vermittle ich unter anderem im Elohimseminar sowie in ganz neuen Mitschöpferseminaren. Mehr Informationen können Sie gerne unter der am Ende des Buches angegebenen Kontaktadresse anfordern.

Ich erwähne diese persönliche Erfahrung aus einem Grund: Ich möchte Ihnen die Freude und die Zuversicht darüber vermitteln, wie ich sie selbst Tag für Tag erlebe, dass wir noch nie so geführt waren wie in dieser Zeit. Unzählige himmlische Helfer stehen uns zur Verfügung und warten darauf, dass wir uns an sie erinnern, sie rufen und in unser Leben einladen. Sie möchten uns helfen zu erkennen, dass auch wir göttlich und aufgerufen sind, unsere Größe ein- und anzunehmen und unser Potenzial zu leben.

Ein sehr guter Einstieg und ein wertvolles Fundament, um uns auf diese Weise zu heilen und zu entfalten, ist die Innere-Kind-Arbeit. Alle Seminare, die ich aktuell abhalte, ebenso wie dieses Buch sind unter Führung der Elohim entstanden. Und damit ist es Zeit, wirklich zur Tat zu schreiten.

Meditation: Erste Kontaktaufnahme im Thronraum des Herzens

Die Engel sagen über die folgende Meditation:

„Wir bieten euch nun ganz konkret eine erste Meditation an, um mit dem Kind in euch in Kontakt zu kommen und ein Grundvertrauen für die spätere Heilarbeit aufzubauen. Diese Meditation ist eine sehr wirksame und wichtige Basis für eure Heilung und euer Selbstbewusstsein in der Neuen Zeit.“

Um direkt Ihr Unterbewusstsein zu erreichen, wähle ich in den Meditationstexten die Du-Form.

Setze dich in einer bequemen, lockeren und ruhigen Haltung auf einen Stuhl, ohne die Arme oder Beine zu verschränken, damit alles gut fließen kann. Dann atme tief ein und tief aus. Mit jedem Ein- und Ausatmen wirst du ruhiger, entspannter und lockerer. Dann stell dir vor, dass aus deinen Füßen nach unten in die Erde Wurzeln wachsen, die immer kräftiger und weiter verzweigt werden. Lass dir Zeit dabei.

Visualisiere dir einen Weg. Stell dir vor, du gehst einen Weg entlang, ähnlich einem langen Gang oder Flur. Du siehst auf diesem Gang oder Flur verschiedene Türen links und rechts, die in verschiedene Zimmer führen. Du gehst aber weiter geradeaus und lässt dich nicht irritieren, sondern gehst bis zum Ende des Ganges. Hier ist eine weitere Tür mit der Aufschrift „Heilung des INNEREN KINDES". Du klopfst an und bittest um Einlass. Dann bitte Erzengel Raphael, dich zu führen und zu leiten und dir zu helfen, die Situation in der ersten Begegnung mit deinem Inneren Kind zu meistern.

Nun siehst du, dass sich die Tür öffnet. Falls sie es nicht tut, bitte oder warte, bis Erzengel Raphael dir ein Zeichen gibt. Stell es dir einfach vor. Dann tritt ein und bitte Erzengel Raphael, dich zu führen.

Du betrittst nun den Raum, in dem sich dein Inneres Kind befindet. Dort siehst du ein Kind sitzen, das sich ein wenig allein gelassen fühlt, und du sprichst es an: „Hallo, mein liebes Kind, ich möchte dich begrüßen und wieder Verbindung mit dir aufnehmen. Ich kann verstehen, wenn du jetzt traurig oder sauer bist, weil ich so lange keinen Kontakt mit dir hatte. Aber ich möchte es dir anbieten und jetzt versuchen, für dich da zu sein. Möchtest du mit mir sprechen? Wie geht es dir, wie fühlst du dich?"

Warte, was das Kind dir sagt. Es kann sein, dass es vor Freude in deine Arme hüpft oder trotzig und wütend ist und nicht reagiert. Und es kann sein, dass es sehr traurig und weinerlich ist und Zuwendung braucht. Auch hier bitte Erzengel Raphael um Hilfe, wenn du nicht weiterkommst. Er hilft dir.

Entschuldige dich bei deinem Kind, dass du es so lange vernachlässigt hast, und sage ihm, dass du jetzt erst erkannt hast, wie wichtig eure Verbindung ist, und gut verstehen kannst, wie traurig und verlassen es sich fühlen muss. Gib zu verstehen, dass du versuchen wirst, mehr auf es zu hören und den Kontakt zu halten.

Wenn dein Kind weint, traurig ist und sich in den Arm nehmen lässt, halte es so lange im Arm, bis es sich beruhigt hat und darüber freut. Wenn es sich nicht in den Arm nehmen lässt, lass dir Zeit und versuche wie bei einem echten kleinen Kind, Vertrauen zwischen euch beiden zu erzeugen. Sprich und spiele geistig mit ihm, damit ein Feld des Vertrauens entsteht und dein Inneres Kind auf dich zugehen kann. Das mag dauern. Gib ihm alle Zeit, die es braucht. Es kann auch sein, dass es bei eurer ersten Begegnung noch nicht gewillt ist, mit dir zu sprechen. Dann sage ihm, dass du wiederkommen wirst und es nicht drängen willst.

Versuche das Kind zu fragen: „Was wünscht du dir von mir, wenn ich wiederkomme? Was hättest du gerne, das ich für dich tue? Was regt dich auf, und was macht dich wütend?" Wichtig ist, dass du dir die Beschwerden und Wünsche deines Inneren Kindes anhörst und sie ernst nimmst. Vielleicht macht es dich betroffen, berührt dich in deinem Herzen, oder es freut dich, dein Inneres Kind wieder glücklich, lachend und freudig spielen zu sehen. Hör dir alles an und bitte wieder um Verzeihung. Wenn du nicht weiterkommst, bitte Erzengel Raphael um Hilfe.

Wenn du merkst, dass die Situation unerträglich wird und das Kind nicht recht auf dich zugehen kann oder will und nur abblockt oder wütend ist, sage zu ihm: „Es war trotzdem schön, hier gewesen zu sein. Ich komme wieder und bitte dich, noch etwas Geduld zu haben." Dann gehe aus dem Raum.

Es wäre wichtig, wenn das Innere Kind es annehmen kann, es zu trösten, im Arm zu halten, mit ihm zu spielen und ihm Zuwendung zu schenken. Und wenn du das Gefühl hast, dass das Innere Kind getröstet beziehungsweise mit Zuwendung satt ist, verabschiede dich langsam mit dem Hinweis, dass du wiederkommst. Denke daran, Erzengel Raphael zu bitten. Er wird, so weit es sein darf und kann, in jedem Moment dieser Begegnung oder danach helfen und unterstützend wirken.

Drücke und küsse dein Inneres Kind noch einmal, sofern es das schon zulassen kann, und verabschiede dich, indem du dich für die Kontaktaufnahme bedankst und ihm versicherst, dass du dich wieder und wieder melden wirst und es nicht mehr so lange ignorierst wie bisher.

Nun atme wieder tief ein und tief aus und gehe mit jedem Ein- und Ausatmen langsam aber sicher aus dem Bild heraus. Dann komme wieder im Hier und Jetzt an und spüre deinen Körper.

Eine Absichtserklärung – wir bleiben in Kontakt

Willkommen zurück nach Ihrer ersten Erfahrung im Raum Ihres Herzens. Wie haben Sie den Erstkontakt mit Ihrem Kind erlebt? Freuen Sie sich und seien Sie dankbar für alles, was bereits an Annäherung und Verstehen möglich war, und für die Liebe, die zwischen und in Ihnen fließen durfte. Auch wenn das Kind vielleicht noch zögerlich, verschreckt, ängstlich, wütend oder sehr traurig ist, ein Anfang ist gemacht, seien Sie sich gewiss! Und die Engel werden als „Vermittler" tätig sein, wenn Sie sie darum bitten. Das zarte Pflänzchen Ihres Kontakts mit dem göttlich reinen, lebendigen Teil in Ihnen darf nun wachsen. Der beste „Dünger" ist Ihre Liebe, die Eigenliebe, die die Engel immer und immer wieder als einen der Schlüssel auf unserem Weg bezeichnen. Liebe lässt das Eis zwischen Ihnen und Ihrem Kind schmelzen und schafft Raum für Erfüllung und Freude.

Es ist gut, nach dieser Einstimmungsmeditation ein oder zwei Tage Pause einzulegen, bevor Sie Schritt für Schritt Ihr Kind von der Empfängnis beziehungsweise Zeugung bis zum Erwachsenenalter begleiten. Damit die Pause jedoch nicht zu groß wird oder die frisch geknüpften, zarten Bande gar wieder abzureißen drohen, bitte ich Sie, eine innere Absichtserklärung auszusprechen beziehungsweise Ihrem Kind zu versprechen, dass Sie bald wieder zu ihm zurückkehren und sich von nun an um es kümmern werden.

Schließen Sie dafür noch einmal d e Augen und rufen sich die letzte Szene in Ihrem Herzensraum in Erinnerung. Nehmen Sie gedanklich Kontakt zu Ihrem Kind auf und sichern Sie ihm in Ihren eigenen Worten zu, dass Sie nun da sind und die Verbindung aufrechterhalten werden. Sorgen Sie dafür, dass das Kind Ihre ehrliche Absicht und Ihre Zuneigung spüren kann.

Dann verabschieden Sie sich für den Moment noch einmal. Atmen Sie tief ein und aus, in dem beruhigenden, stärkenden Gefühl, einen wertvollen Grundstein für ein Haus der Heilung, Ihrer Heilung, gelegt zu haben.

Warum sich Innere-Kind-Arbeit lohnt – Heilsein und Ganzsein

Besonders fasziniert haben mich die Zusammenhänge zwischen meiner oder unserer persönlichen Arbeit, um freier und heiler zu werden, und den Auswirkungen auf das Große Ganze. Sicherlich kannte ich bereits die uralte hermetische Weisheit des „Wie oben, so unten", doch war sie mir nicht immer präsent, wenn ich für mich selbst oder für meine Patienten und Klienten heilerisch tätig war. Aber in den vergangenen Jahren wurde diese Überzeugung zu einer realen Erfahrung. Mir liegen Menschen und Erde gleichermaßen am Herzen, sagte ich zu meinen Engeln.

„Du weißt, dass beides zusammenhängt, dass es im Grunde das Gleiche ist. Wie innen, so außen. Was ihr im Außen seht, spiegelt euer Inneres. Also räumt in euch auf, klärt und heilt eure eigenen Gedanken, Emotionen usw., dann helft ihr auch dem Großen Ganzen."

Selbstverständlich beließen es meine stets überaus „praxisorientierten" Engelhelfer nicht dabei. Sie gaben mir genauso konkrete Heilformen für die Erde selbst, die Elemente, speziell auch für die Gewässerreinigung, die Pflanzen, Kraftorte und Naturgeister an die Hand. Sie gaben mir Hilfsmittel, Meditationen und Gebete, die segensreich wirken, für die ich unendlich dankbar bin und die ich liebend gerne weitergebe.

Gleichzeitig merkte ich bei meiner Heilarbeit für andere Menschen und auch in meiner persönlichen Entwicklung immer deutlicher: Was ich in mir heile, heile ich im Außen. Erst wenn ich Belastendes und ungesunde Strukturen aus der Vergangenheit erkenne und loslasse, können im JETZT neue gesunde Muster, Beziehungen, Kommunikationsformen und Lebenssituationen entstehen – für den Einzelnen und für das Ganze. Innere-Kind-Heilung habe ich immer wieder als Durchbruch der individuellen persönlichen und spirituellen Entwicklungen erleben dürfen. Darüber hinaus hat diese Arbeit eine globale Bedeutung, da alles vernetzt ist und es im Grunde nur EIN Leben, EIN ewiges Leben gibt.

Diese größere Dimension erhöhte meine Motivation und Freude über die Möglichkeiten der Heilung nochmal um ein Vielfaches. Meine eigenen Erkenntnisprozesse möchte ich an dieser Stelle mit Ihnen zusammenfassend teilen, damit sie uns für die kommenden Meditationen stärken mögen.

Erkenntnis ist der erste Schritt zur Heilung

Auch ich begann mit vielfältigen Einsichten in das Phänomen von Krankheit und Schmerz. Der Körper war mir ein treuer Lehrmeister auf meinem Weg zur Bewusstseinsausweitung. Er zeigt uns unverfälscht, wo wir nicht im Einklang mit unserer Seele leben. Ich habe dies beispielsweise oft an meiner Haut ablesen können. Wer mehr über meine Lebensgeschichte lesen möchte, findet dazu im Anhang Gelegenheit. Wichtig ist, nicht in diesen Geschichten „hängenzubleiben", sich also nicht zu sehr mit Symptomen zu „identifizieren". Wir sind viel mehr als unser Körper! Wir sind viel mehr als unsere Emotionen oder Gedanken! Wir sind göttliche Wesen! Doch hier auf der Erde, in der Dualität, durchlaufen wir Erfahrungen, in deren Folge wir bestimmte Gedanken denken, bestimmte Gefühle zu Mustern verdichten und womöglich physische Disharmonien erleben. Um zu unserem heilen Sein zurückzufinden, ist es in einem ersten Schritt notwendig, anzuerkennen, was ist. Also die Störungen und „Missklänge" unseres Seins und ihren Ursprung (zum Beispiel Erziehungsprägungen, Verletzungen, Defizite usw.) wahrzunehmen und alten Schmerz würdigend anzusehen, bevor wir ihn loslassen können.

Indem wir erkennen, dass wir nicht immer unser eigenes Leben leben, dass wir nicht immer unser ganzes Potenzial leben, dass wir nicht immer in Übereinstimmung mit unserem Seelenplan leuchten, lachen, lieben und handeln, können wir uns auf Spurensuche begeben. Dann werden wir viel „Erlerntes" und „Anerzogenes" entdecken, was häufig Überlebensstrategien und Schutzmechanismen des kleinen Kindes sind, das wir einst waren. Wir werden viele Seiten an uns entdecken, die wir als Kind unterdrückt haben, um so zu sein, wie wir sein sollten oder gemeint haben, dass unser Umfeld uns haben will. So haben wir uns verbogen, verleugnet und klein gemacht, um geliebt und anerkannt zu werden.

In jeder Inneren-Kind-Arbeit sollte es daher darum gehen, diese verletzten, ungeliebten und ungelebten Anteile zurück ins Licht zu holen, sie liebend anzunehmen und schließlich zu integrieren. Es genügt nicht, es einfach nur zu verstehen und zu wollen, wir müssen es durchleben, wirklich mit unserer Seele in Zwiesprache treten.

Allerdings kann dieser Prozess wesentlich leichter, kürzer, spielerischer und segensreicher sein, als es uns manche langfristig angelegte Methoden, die manchmal wiederum aus dem Kopf entstanden sind, nahelegen. Einer dieser neuen, gnadenreichen Wege wurde mir als Geschenk von der göttlichen Ebene für Sie, liebe Leserinnen und Leser, für uns alle für diese Zeit gegeben.

Das Geschenk der geistigen Ebene

Wir dürfen zügig hindurchgehen. Das ist der Gnadenaspekt der Engel und Elohim. Speziell die *Elohim der Gnade* sind hierfür zuständig. Die neue Zeitqualität erlaubt es,
jenseits von Raum und Zeit, tief sitzende Traumata und
Wunden zu transformieren. Die *Elohim der Gnade* er-
läuterten mir, dass sie von einer Ebene aus „operieren",
die so weit jenseits unserer 3D-Wirklichkeit ist, also unabhängig von der linearen Zeitvorstellung, wie sie unser
Bewusstsein noch aufrechterhält, dass wir unmittelbar
Transformation erleben können. Wir dürfen uns von der
Vorstellung verabschieden, dass die Vergangenheit in der
Vergangenheit ist und wir daran „halt nichts mehr ändern
können". Wir können sehr wohl! Wenn wir uns in unser
Herz begeben, die innere Bereitschaft und Erlaubnis zur
Heilung aussprechen und die Engel bitten, können ge-
wohnte Schranken der Zeit überwunden werden. Bitten
wir insbesondere die *Elohim der Gnade* und seien wir im
Vertrauen, dass sie uns zur Seite stehen.

Euch geschehe nach eurem Glauben, heißt es in der
Bibel. Und so ist es.

*Alles, worum ihr bittet, glaubt nur, dass ihr es erhalten
habt, und es wird euch werden.*

(Markus 11,24)

Die Engel schenken uns machtvolle Instrumente zur Auf- und Erlösung, wie zum Beispiel die violett-grüne Flamme der Heilung und Transformation. Diese Flamme kombiniert die Heilkraft Erzengel Raphaels (grüner Strahl) mit der transformierenden Wirkung der Farbe Violett, wie sie uns auch Meister Saint Germain zur Verfügung stellt. Diese Bildsprache ist höchst wirkungsvoll. Und besonders intensiv wirken echte und vorgestellte Farbschwingungen. Wir werden dies auch für das Nähren und Stärken unseres Inneren Kindes erleben. Näheres zur wunderbaren Heilwirkung von Farben finden Sie im Anhang. Ich persönlich empfehle, uns die Wirkung der Farben noch viel mehr zunutze zu machen – in unserem Wohnumfeld, durch die Kleidung, die wir tragen, durch die Auswahl unserer Nahrungsmittel und, wenn Sie mögen, auch in Form der geistigen Farbessenzen, wie sie mir die Engel für meine Heilarbeit gegeben haben.

Ein weiterer Segen der engelgeleiteten Inneren-Kind-Arbeit hängt mit der Tatsache zusammen, dass in der Kindheit zumeist die grundlegende Weichenstellung für unser späteres Leben stattfindet. Das heißt, dass sich Kindheitsverletzungen als Muster oft fortsetzen und in unserem Leben ständig wiederkehrende Themen wie ein Leitmotiv erzeugen. Das kann sich als Partnerschaftsprobleme, psychosomatische Schwachstellen, Suchtmuster, Sexualstörungen, finanzielle Sorgen, Unfallneigung, Einsamkeits- oder Vertrauensthemen, Depressionen, Zwänge usw. zeigen.

Wenn nun mit Hilfe der Engel eine fundamentale Heilung und Umwandlung kindlicher Gefühlsverletzungen, Traumata und Auffüllen von Defiziten geschieht, verändert das auch unser Leben im JETZT. Viele überholte, hinderliche Strukturen können wegfallen, und wir werden immer mehr wir selbst. Die Engel erklärten mir, dass wir sozusagen quer durch die Zeit eine Harmonie und gesunde Ordnung herstellen. Die Heilung des Inneren Kindes setzt eine positive Kettenreaktion in Gang und legt schließlich unseren authentischen lichten Kern frei, mit dem wir hier auf die Erde gekommen sind.

Häufig entsteht parallel zur oder nach der Heilarbeit am Inneren Kind der Wunsch, sich mit dem eigenen Seelenplan und womöglich der persönlichen Lebensaufgabe näher zu beschäftigen. Sobald wir mehr in Fühlung mit unserem wahren Sein kommen, beginnen wir oft zu ahnen, dass „da noch mehr ist" oder dass wir noch etwas ganz anderes leben wollen, wir spüren die Sehnsucht der Seele nach Entfaltung und Ausdruck deutlicher und finden leichter den Mut und kreative Lösungen, diesen Weg auch zu gehen. Das geheilte Innere Kind hat eine Menge kreativer Ideen auf Lager, das kann ich Ihnen versprechen. Freuen Sie sich darauf!

Frei werden für Positives, Neues in meinem Leben

In jedem Fall eröffnen sich mir nach dieser Heilarbeit wunderbare neue Perspektiven. Durch das Verabschieden hinderlich gewordener Altlasten entsteht einerseits viel Raum für Neues. Es ist wie mit der sprichwörtlich vollen Tasse, in die nichts Neues hineingefüllt werden kann. Zunächst gilt es, zu einem leeren Gefäß zu werden, wie wir es beispielsweise im Buddhismus lesen können, um aufnahmefähig für Neues zu sein. Andererseits erzeugen gesunde Strukturen in mir ebenfalls eine gesunde Resonanz und ziehen Gesundes in mein Leben. Diese neue Freiheit und Erfüllung bringen viel Freude zurück, was uns stärkt und wachsen lässt. So werden wir letztlich wirklich selbstbewusst und beginnen, unser Leben selbstbestimmt zu leben. Alle inneren Ressourcen wie Kraft, Zutrauen, Ideenreichtum, Durchhaltevermögen, Humor usw. für eine eigenverantwortliche, selbstbestimmte Lebensgestaltung in Eigenliebe und Freude stehen uns nun zur Verfügung. Ist der kindliche Anteil in uns gestärkt, gesehen und in Balance, wird es uns tendenziell auch leichter fallen, eine positive Ausrichtung beizubehalten. So schnell wird unser Vertrauen nicht mehr zu irritieren sein. Und sollten wir doch wieder einmal den „alten Bekannten" wie Zweifel oder Zaudern begegnen, wissen wir, wo wir uns wieder auftanken können: Der Weg in unser Herz, in die Anbindung an die Geistige Welt und das Gebet stehen uns jederzeit offen, und wir haben erfahren, welch große Hilfe dort auf uns wartet.

Die Engel ermutigen uns, diesen Weg in die Freiheit jetzt zu gehen. Denn jetzt werden wir gebraucht, so, wie wir von Gott gemeint waren – in unserer Größe, mit all unseren Fähigkeiten und unserer Liebe.

✩✩✩

Gesund werden

Bisher habe ich ganz allgemein von der Heilung von Mustern und Strukturen in uns gesprochen. Diese können geistiger, emotionaler und natürlich auch physischer Natur sein. Wobei das Geistige dem Materiellen, Physischen, immer vorausgeht. Unser Körper ist die dichteste Energieform unseres Seins, daher erleben wir manchmal eine gewisse Zeitspanne, bis sich energetische Veränderungen und geistige Neuausrichtung körperlich auswirken Doch sollten wir uns daran erinnern, was die Engel über die Relativität der Zeit gesagt haben. Und vielleicht möchten wir uns die Erlaubnis geben, die starren Vorstellungen der linearen Zeitabwicklung nicht immer für uns anzuerkennen.

Wie dem auch sei. Die Heilung des Inneren Kindes kann – früher oder später – auch Krankheitssymptome überflüssig werden lassen, die in der Kindheit entstanden sind. In jedem Fall ist sie dazu angetan, ein gesundes Körperbewusstsein und Gleichgewicht zwischen Spüren, Fühlen und Denken sowie zwischen Nähe und Distanz herzustellen. Heilsein ist Ganzsein, uns mit all unseren Aspekten anzunehmen und zu lieben. Und überall dort, wo die Liebe hinfließt, entstehen Harmonie und lebensfördernde Ordnung.

Leben aus der Essenz

Menschen, die den Kontakt zu ihrem Kind dauerhaft wieder hergestellt haben beziehungsweise aus ihrer Essenz leben, im Einklang mit ihrem Göttlichen Kind, sagen häufig, dass sie sich lebendiger, kreativer, fröhlicher, unbeschwerter, vitaler, leistungsstärker und erfüllter, spontaner und „echter" fühlen. Sie fühlen sich im Einklang mit sich selbst.

Die Psychologin Ulla Pfluger-Heist sagt es sehr schön: „Das göttliche Kind ist die Neugeburt aus dem wahren Selbst, aus dem „Eigentlichen"." (Quelle: Zeitschrift für Psychosynthese 2008, Nr.19)

Den Archetypen des Göttlichen Kindes gibt es, wie ich erst kürzlich entdeckt habe, auch schon bei C. G. Jung beziehungsweise kommt bereits in vielen Kulturen vor. Für Jung ist das Göttliche Kind das Symbol des inwendigen Christus. Es steht für die freudigen, verspielten, unschuldigen Qualitäten in jedem von uns. Wenn wir uns die Schöpfung um uns herum ansehen, sehen wir dort reine Entfaltung, freudvolles Sich-Verströmen, natürliches Fließen mit dem Lebensfluss.

Wenn wir werden wie die Kinder, und wenn wir uns als Kinder Gottes annehmen, werden auch wir wieder zu einem schöpferischen Teil der Schöpfung selbst.

Neue Erde, neue Eltern, neues Menschsein

Menschen mit verletztem Inneren Kind in sich leben überwiegend aus dem Kopf. Viele der „erlernten" Muster, die vom Mangel an Liebe und Eigenliebe und von der Illusion der Trennung zeugen, führen in unserer Gesellschaft zu Machtstreben, Konkurrenzkampf, Gier, Selbstwertdefiziten und vielen Ungleichgewichten zwischen Menschengruppen untereinander. Wenn etwas nicht in der Balance ist, entsteht zwangsläufig Disharmonie. Das können beim Einzelnen Krankheiten sein und kollektiv Gewalt, Missbrauch, Elend, Armut, Hunger, Umweltzerstörung usw.

Stellen Sie sich vor, wie sich unsere Welt verändern kann, wenn wir alle wieder zurück in unser Herz finden! Wenn wir unsere Verletzungen der Kindheit und unser Herz heilen, tragen wir dazu bei, auch global Lebensbedingungen zu schaffen, die im wahrsten Sinne wieder lebens-wert, lebensförderlich, menschlich sind und es uns erlauben, schöpferisch zu sein, wieder wahrlich zum Mitschöpfer zu werden, als der wir gemeint sind.

Ganz konkret heißt das für mich natürlich auch: So, wie wir mit unserem Inneren Kind umgehen, gehen wir auch mit den „äußeren" Kindern um, also mit den wirklichen Kindern in unseren Familien und unseren Gemeinschaften. Ich habe festgestellt, dass die eigene Heilarbeit des Inneren Kindes für Eltern sozusagen einen doppelten positiven Effekt hat. Neben allem bisher Erwähnten berichteten mir Seminarteilnehmer, dass sich ihr Umgang mit und ihr Verständnis für ihre Kinder verändert haben, denn das, was sie sich nun selbst an Eigenliebe, Freude, echter Bedürfnisbefriedigung und Lebendigkeit zugestehen können, können sie auch leichter ihren Kindern zugestehen. Sie sind mitfühlender und überhaupt fühlender geworden, und die Liebe fließt freier.

Diese veränderte Elternschaft betrifft natürlich nicht nur Mütter und Väter leiblicher Kinder. In erweitertem Sinn sind alle Erziehungsberechtigten, alle Großeltern, Tanten und Onkel, Paten, Kindergärtner, Erzieher und Pädagogen gemeint. Letztlich eben alle, die mit Kindern zu tun haben.

Ja, fast habe ich den Eindruck, dass wir es auch leichter zulassen können, Kinder in unser Leben zu lassen, uns weniger an Kindern zu stören, als uns an ihnen zu erfreuen und gar von ihnen zu lernen, sobald wir das Kind in uns geheilt haben. Wenn innere und „äußere" Kinder im Verbund mit liebevollen Erwachsenen-Ichs unsere Welt gestalten, was meinen Sie, was dann alles möglich sein wird?

Die Engel sagen dazu:
„Dieses neue Zeitalter ist das Zeitalter des bewussten Menschen, das heißt: des Menschen, der sich seiner selbst bewusst ist. Viele von euch werden erkennen, warum sie inkarniert sind, welche Aufgabe sie hier haben, was es zu erlösen gilt und was sie tun können, um die einzelnen Lernprozesse leichter zu durchleben."

Ich bin überzeugt: Die Göttlichen Kinder sind die ersten Bewohner des neuen Paradieses! Innere-Kind-Heilung hat einen globalen Nutzen und eine Heilwirkung auf die Gesellschaftsform der Zukunft. Als Kinder Gottes erschaffen wir den Himmel auf Erden. In der geheilten Form trägt das Kind in uns eine höhere Schwingung und hilft uns Menschen, näher an unsere göttliche Ursprungsform zu gelangen. Je mehr Menschen dies bewusst tun, heil und ganz werden, desto mehr positive Veränderungsenergie steht zur Verfügung, und umso gesundere Strukturen können sich im Familienbereich und in der Gesellschaft herausbilden.

Sind das nicht wundervolle Aus- und Einsichten? Sind Sie nun der Meinung, dass die Arbeit zur Heilung des kleines Kindes in Ihnen, wie sie hier in sieben einfachen Meditationen direkt von den Engeln angeboten wird, etwas für Sie und sinnvoll ist? Wenn ja, dann freue ich mich, mich nun mit Ihnen und Ihrem Kind auf den Lebensweg zu begeben.

Und ich schließe dieses Kapitel mit einem Wort der Engel.

„Ihr seid göttlich. Das Göttliche lebt in euch. Kinder strahlen ihr göttliches Licht meist noch aus, ohne es zu beabsichtigen, es ist das Licht einer heilen Seele im Einheitsbewusstsein. Freut euch, dieses Licht wieder mehr und mehr freizulegen!"

Tiefenheilung des Kindes in uns in 7 Stufen

Bevor es losgeht: Häufig gestellte Fragen

Um den besten Nutzen aus diesem Selbsthilfebuch zu ziehen, möchte ich dem großen Meditationsteil einige allgemeine Hinweise vorausschicken, die ich in Form von möglichen Fragen und meinen Antworten zusammengestellt habe.

Frage: Ich erinnere mich an manche Abschnitte meiner Kindheit oder die Kindheit überhaupt nur noch sehr vage. Kann ich trotzdem von diesem Buch profitieren?

Antwort: Das Wunderbare an dieser Arbeit mit Meditationen und der Unterstützung der Engel ist, dass wir uns nicht bewusst erinnern müssen. In der Meditation tauchen die notwendigen Erinnerungen oder Informationen beziehungsweise Gefühle oder Bilder immer so auf, wie es sein darf und kann, um damit zu arbeiten und die verborgenen Disharmonien wieder ins Gleichgewicht zu bringen.

Frage: Ich habe noch keine Erfahrung mit Meditation. Ist das Buch trotzdem für mich geeignet?

Antwort: Dieses Buch ist bewusst so aufgebaut, dass es jedem zugänglich ist. Jede Meditation wird so an- und eingeleitet, dass auch Ungeübte über die Atmung in einen angenehmen Zustand der inneren Versenkung geführt werden, sodass Heilarbeit möglich ist. Meditationsanfängern empfehle ich, die nachfolgenden Hinweise zur Meditationsvorbereitung durchzulesen und zu berücksichtigen.

Frage: Ist es notwendig, die Altersstufen genau in chronologischer Reihenfolge durchzuarbeiten, oder kann ich dort beginnen, wo ich den größten Bedarf habe?

Antwort: Die Engel und ich empfehlen sehr, die Reihenfolge einzuhalten, da wir auf diese Weise unser Kind auf seinem Lebensweg sanft begleiten können und sozusagen mit ihm wachsen. Vieles, was wir später in der Kindheit erlebt haben, baut auf früheren Erfahrungen auf. Deshalb ist es hilfreich, an die „Wurzel" zurückzukehren und dort mit der Heilung und Transformation zu beginnen. Allerdings können Sie gerne, sobald Sie das Buch komplett durchgearbeitet haben, sich zu einem späteren Zeitpunkt gezielt einzelne Kapitel noch einmal vornehmen, um die Wirkung zu vertiefen oder nachzuspüren, wie sich das Gefühl verändert hat.

Frage: Wie schnell kann ich beim Durcharbeiten des Buches vorgehen? Kann ich beispielsweise an einem Tag mehrere Meditationen machen?

Antwort: Wenn Sie möchten, können Sie das Buch gerne erst einmal im Ganzen durchlesen. Jedoch möchte ich sehr empfehlen, sich für diese tiefgehende Arbeit genügend Zeit zu lassen. Stellen Sie es sich ähnlich einem Seminar vor, in dem von einem Block zum anderen, also von einer Altersstufe zur nächsten, mehrere Wochen vergehen, damit sich das Erarbeitete setzen und integrieren kann. Deshalb ist es ideal, pro Monat nur eine Stufe zu bearbeiten. Innerhalb dieser vier Wochen können Sie womöglich die Meditation ein oder zweimal wiederholen. Auch hier gilt: Unterschätzen Sie die Wirkung bitte nicht und „überfüttern" Sie Ihr Unterbewusstsein nicht. Vertrauen Sie vielmehr darauf, dass es die neuen heilsamen Impulse aufs Beste verinnerlichen und nutzen wird. Die Engel helfen dabei.

Frage: Wenn ich dennoch mehr für mein Inneres Kind tun will, zwischendurch oder auch viel später noch einmal, was kann ich dann tun?

Antwort: Natürlich können Sie später einzelne Stufen herausgreifen und wiederholen. Sie sind jedoch vor allem herzlich eingeladen, die Einstiegsmeditation zur Kontaktaufnahme mit dem Inneren Kind häufiger zu wiederholen. Dies ist die geeignete Form, um immer genau die Einsichten (egal, aus welcher Altersstufe) zu erhalten, die aktuell an die Oberfläche und damit ans Licht kommen möchten. Es ist sinnvoll und empfehlenswert, die Innere-Kind-Arbeit auf diese Weise fortzusetzen, je nach Bedarf und Gefühl.

Frage: Kann es auch einmal zu heftigeren, zum Beispiel körperlichen Reaktionen kommen, und was soll ich dann tun?

Antwort: Jede Form der Tiefenheilung kann Reaktionen hervorrufen, die manchmal auch körperlich spürbar sind, wie Berührtsein, leichtes, flaues Gefühl, kurzzeitiger Schwindel usw. Wenn etwas unangenehm ist, empfehle ich stets, sofort, aber sanft aus der Meditation herauszugehen, indem Sie wieder tiefer und bewusster atmen, sich in Ihrem Körper spüren und langsam die Augen öffnen. Wenn Sie mögen und es Ihnen ein gutes Gefühl gibt, können Sie sich vor der Meditation Notfalltropfen, wie beispielsweise die Rescue-Tropfen von Dr. Bach, bereitlegen und diese nach Gebrauchsanweisung einnehmen.

Es ist mir sehr wichtig, an dieser Stelle zu wiederholen, dass dieses Buch keinen Therapeuten, Arzt oder Heilpraktiker ersetzt. Bedenken Sie, dass – speziell, wenn Sie richtige Traumata erlebt haben – es wichtig und ratsam ist, die Hilfe eines geschulten Therapeuten oder Arztes in Anspruch zu nehmen. Dies liegt in Ihrer Verantwortung.

Frage: Was nutzt es mir, wenn ich erkenne, wer an meinen jetzigen Schwierigkeiten Schuld hat?

Antwort: Wesentlich für diese Heilarbeit ist die Erkenntnis, dass es nicht um Schuld geht. Wir lernen mögliche Zusammenhänge und auch Dynamiken in Familien kennen, die uns vielleicht nicht immer gutgetan haben. Letzten Endes tut jedoch jeder Mensch zu jedem Zeitpunkt sein Bestes beziehungsweise befindet sich jede Seele in eigenen Prozessen, sodass sie zum Beispiel als Eltern nicht anders handeln konnten, als sie es taten. **Ein funda-**

mentaler Schritt für die Heilung ist das Verzeihen. Bitte behalten Sie dieses im Auge und bemühen Sie sich um eine Sicht der Vergebung und des Verzeihens. Dazu müssen Sie nichts gutheißen, was nicht gut war. Verzeihen erlöst, transformiert und macht Sie frei. Denken Sie bitte auch daran, sich gegebenenfalls selbst zu verzeihen. Das kleine Kind, das Sie waren, reagierte meist nicht logisch und fühlte sich häufig für Dinge verantwortlich, für die es nichts konnte oder die es fälschlich auf sich bezogen hatte. Lösen Sie dieses Schuldkonzept auf. Besonders empfehle ich Ihnen, immer wieder die Engel zu bitten, Sie im Vergeben und Verzeihen zu unterstützen. Sie werden sehen, wie viel Befreiung und Erleichterung das bringt. Was bleibt, sind Erkenntnisse, die Sie wachsen lassen, ohne die alten Emotionen weiter mit sich tragen zu müssen.

Frage: Wann ist der Heilvorgang des Inneren Kindes abgeschlossen? Woran erkenne ich es?

Antwort: Eine einfache Art zu überprüfen, ob Sie bereits mit Ihrem Inneren Kind Frieden geschlossen haben und ob dieser Anteil in Ihnen gesehen, sich geliebt fühlt und gelebt wird, besteht darin, die allgemeine Innere-Kind-Meditation nach einer gewissen Zeit noch einmal durchzuführen (was ich ohnehin empfehle). An der Reaktion Ihres Kindes, seines Aussehens und der Gefühle, die Sie dabei empfinden, können Sie ablesen, wie sehr der Teil in Ihnen bereits gesundet ist. Ein geheiltes Kind äußert sich bei den Menschen unterschiedlich. Allen gemein ist jedoch, dass Sie sich entspannter fühlen, mehr Frieden, aber auch mehr Freude in sich spüren. Mitunter steht Ihnen mehr Energie zur Verfügung, die Quelle der Kreativität sprudelt wieder mehr in Ihnen, oder es lösen sich im Außen Hindernisse und Disharmonien. Wie außen, so innen, denken Sie daran! An Ihrem Leben können Sie sehen, wie sehr Sie in Ihrer inneren Balance angekommen sind. Freuen Sie sich darauf!

Wie bereite ich mich auf die Meditation vor?

Viele von Ihnen, verehrte Leserinnen und Leser, sind vielleicht schon vertraut mit der einen oder anderen Meditationspraxis. Dennoch möchten wir an dieser Stelle für alle noch einmal wichtige Punkte zur Meditationsvorbereitung erwähnen.

• Suchen Sie sich einen Raum, in dem Sie nicht gestört werden. Sprechen Sie gegebenenfalls vorher mit Ihren Familienangehörigen, dass Sie für eine bestimmte Zeit nicht gestört werden möchten, stecken Sie das Telefon aus oder schalten Sie das Handy ab. Richten Sie sich an Ihrem Meditationsplatz oder an einem bequemen, ruhigen Ort gut ein. Der Ort sollte angenehm temperiert und vorher gut gelüftet worden sein.

• Die Meditationshaltung ist wichtig, damit die Energien frei fließen können und Sie sich wohlfühlen. Sie können entweder am Boden im Meditationssitz (Lotossitz/Schneidersitz) meditieren, beispielsweise auf einem kleinen Meditationskissen. Genauso können Sie auf einem Stuhl beziehungsweise Hocker sitzen, am besten ohne Rückenlehne beziehungsweise ohne sich anzulehnen. Achten Sie auf eine aufrechte Wirbelsäule. Ihre Beine sollten parallel und keinesfalls überschlagen oder überkreuzt sein. Stellen Sie Ihre Füße parallel fest auf den Boden. Dieser Bodenkontakt ist wichtig für eine gute Erdung.

- Wenn Sie mögen, können Sie das Licht ein wenig dimmen. Sehr schön ist es, eine Kerze anzuzünden, denn dieses Licht zieht die Engel an. Auch ein Duft in der Duftlampe mag Ihre Entspannung unterstützen. Bitte achten Sie darauf, dass er nicht zu stark ist, damit Sie keine Kopfschmerzen bekommen oder abgelenkt sind.

- Jede Meditation beginnt mit Entspannung. Atmen Sie tief und gehen Sie in Ihrer Entspannung immer tiefer. Werden Sie locker und entspannen Sie sowohl Ihren Körper als auch Ihren Geist. Steigen Sie aus Ihrem „Gedankenkarussell" aus und werden Sie ruhig.

- Vor jeder Meditation können Sie, so, wie ich es tue, die göttliche Welt und die Engel um Schutz und göttliche Führung bitten. Rufen und bitten Sie, wenn Sie mögen, insbesondere Ihren Schutzengel und Erzengel Raphael, den Heiler Gottes. Und bedanken Sie sich stets bei Ihrer geistigen Führung. Der Dank schafft einen Ausgleich und erzeugt, wie die Liebe und die Freude, die höchsten Schwingungsfrequenzen, die der Heilung selbstverständlich am zuträglichsten sind.

- Und nach der Meditation? Gönnen Sie sich noch ein wenig Ruhe, damit das Erlebte nachwirken und sich setzen kann. Es wäre gut, sich nicht unmittelbar nach der Meditation ins „Getümmel" zu stürzen. Bewahren Sie sich das friedliche Gefühl und, wenn Sie mögen, spüren Sie, ob Ihr Inneres Kind Sie bereits im Alltag begleitet.

Stufe 1: Vom ungeborenen Leben zum freudigen Ankommen und Angenommensein im Leben (Von der Zeugung bis zur Geburt)

Einstimmung

Nachdem wir gesehen haben, wie befreiend und bereichernd die Begegnung mit unserem Inneren Kind sein kann und sanft einen allerersten Kontakt hergestellt haben, ist es nun an der Zeit, uns wirklich um unser Kind zu kümmern.

In diesem Kapitel beginnt unser Leben noch einmal. Wir dürfen achtsam in der Zeit zurückgehen und den Weg unserer Seele in unserem Körper von der Zeugung an noch einmal durchleben und, vor allem, NEU erleben.

In diesem Sinne ist gerade die erste Stufe der schrittweisen Tiefenheilung besonders intensiv und wichtig. Viele Teilnehmer meiner Seminare haben, so auch ich selbst, diesen Prozess wie eine Neugeburt erlebt. Wir bringen uns sozusagen noch einmal freudvoll auf die Welt, nehmen uns an und geben uns damit eine wunderbare Starthilfe für ein glückliches und erfülltes Leben mit gesunden Strukturen. Es ist unsere zweite Chance für eine „gute Landung" auf der Erde als reine, göttliche und unschuldige Seele und eine ungestörte Entfaltung unseres Selbst.

Zunächst sehen wir uns dabei einige mögliche Störungen an, die in dieser heiklen Lebensphase auftreten können. Und wir nehmen zur Kenntnis, was die Folgen daraus sein können. Dabei wird sich der eine oder andere vielleicht bereits wiederfinden und erste Erkenntnisse sammeln. Wir brauchen uns jedoch nicht allzu lange mit diesen allgemeinen psychologischen Einsichten aufzuhalten. Wesentlicher ist es hier, dass wir unsere eigene Wahrheit erkennen, in Kontakt mit uns selbst kommen und lernen, unsere individuellen Blockaden aufzulösen.

Dazu ist die ausführliche Meditation in diesem Kapitel geeignet. Wie bereits oben geschrieben, empfehle ich für diese Heilarbeit, sich eine geschützte und gemütliche Atmosphäre zu schaffen. Wenn wir wissen, dass wir nicht gestört werden, können wir uns umso mehr auf den inneren Prozess einlassen.

In der Meditation geschieht dann als Geschenk der Engel und in Folge unserer inneren Bereitschaft, uns zu öffnen, Umwandlung und Auflösung. Es ist mir besonders wichtig, dass Sie diesen eigenen inneren „Heilfilm" intensiv und mit allen Sinnen erleben, in sich abspeichern und hüten wie einen Schatz. Die Sprache der Meditation ist einfach und enthält Wiederholungen. Dadurch spricht sie direkt unser Herz an, hilft auch Menschen, denen es sonst schwerlich gelingt, ihren Kopf auszuschalten und sich fallenzulassen. Unsere Seele versteht und kann sich der Heilung öffnen.

Wie oben bereits dargestellt, geht es bei all diesen Erkenntnissen nicht um Schuldzuweisungen. Da dies ein so wichtiger Punkt ist, möchte ich wiederholen: Jede Seele hat sich für die aktuelle Inkarnation durch ihr persönliches Karma und gemäß der Gesetzmäßigkeiten der Anziehung die Themen und das Lebensumfeld auf Erden ausgesucht, wodurch sie am besten lernen kann. Unsere Geschichte ist also genau das, was wir lernen und heilen sollen. Sobald dies geschehen ist, brauchen wir die alten Muster nicht und können befreiter, leichter und freudiger weitergehen. Dadurch wird Verzeihen und Vergeben möglich und vielleicht sogar Dankbarkeit für die Aspekte und Personen in unserem Leben, die uns diesen Bewusstseinsschritt ermöglicht haben.

Ermutigung der Engel

„Ihr seid in eine Dimension eingetreten, in der Heilung für alles Sein mehr und mehr möglich ist. Die aktuelle Energiequalität ist sehr gut geeignet für die Heilung und das Loslassen eurer hinderlichen Strukturen und Muster und die Umwandlung in eine neue, erlöste beziehungsweise geheilte Form. Diese Transformation kann nun sehr schnell geschehen – durch euren Willen, das Gebet und eure Absicht."

Störungen erkennen und auflösen

Es gibt vielfältige Gründe, weshalb das rundum gesunde Angenommensein und Ankommen auf der Erde im Einzelfall nicht gegeben war. Schauen wir uns zunächst allgemein an, welche Begebenheiten sich ungünstig in dieser pränatalen Entwicklungsstufe auf das Kind auswirken können.

Folgende, wenig förderlichen Aspekte können bewirken, dass das Kind auf Seelenebene gar nicht recht „herkommen" mag. Mitunter machen uns solche Umstände später, auch noch als Erwachsene, arg zu schaffen. Dies kann so weit gehen, dass wir uns unser ganzes bisheriges Leben gegen das Leben gesträubt, ein Problem mit dem Annehmen gehabt oder beispielsweise ein großes Defizit an Selbstwert oder Selbstliebe aufgebaut haben. Zu den ungünstigen Vorkommnissen während der Schwangerschaft der Mutter zählen unter anderem:

* Das Kind ist nicht erwünscht.
* Es wurde ein Abtreibungsversuch unternommen.
* Eltern (oder Familie) möchten unbedingt einen Jungen/ein Mädchen und zeigen Enttäuschung, wenn das Kind das „falsche" Geschlecht hat.
* Die Eltern (besonders die Mutter) sorgen sich um die Gesundheit oder eine mögliche Behinderung des ungeborenen Kindes.
* Schwangerschaftskomplikationen treten auf.

- Die Eltern haben finanzielle Sorgen.
- Der Vater verlässt die Mutter während der Schwangerschaft.
- Es kommt zu Streitigkeiten oder gar Gewalt zwischen den Eltern oder im familiären Umfeld.
- Die Mutter kann das Kind nicht annehmen.
- Es besteht eine Angst der Mutter, das Kind nicht gut versorgen zu können.
- Die Geburt verläuft für Mutter und Kind traumatisch.

Diesen negativen Umständen stehen positive Faktoren gegenüber, die dazu beitragen, dass das Kind gerne zur Welt kommen mag, in der Folge ein gesundes Gleichgewicht zwischen Geben und Nehmen erlernen und vor allem eine gesunde, stärkende Selbstliebe und Selbstachtung entwickeln kann. Diese glücklichen Umstände lohnt es sich, intensiv zu visualisieren, denn sie enthalten bereits heilsame Impulse für unser Inneres Kind.

- Das Kind ist ein Wunschkind.
- Junge oder Mädchen wird gleichermaßen und gleich liebevoll angenommen.
- Die Schwangerschaft verläuft angenehm und ohne große Sorgen.
- Die Eltern befinden sich in einer gut abgesicherten finanziellen Situation.
- Die Beziehung zwischen Mutter und Vater während der Schwangerschaft ist liebevoll und gesund, woraus ein Geborgenheitsgefühl für das Kind erwächst.

- Das Kind wird freudig erwartet und die Ankunft des neuen Erdenbürgers/der neuen Erdenbürgerin in Ruhe und Vorfreude vorbereitet.
- Die Mutter ernährt sich gesund.
- Die Familienverhältnisse sind harmonisch und friedlich.
- Die Geburt verläuft harmonisch.

Durchsage zu den Zusammenhängen und möglichen Störungen in dieser Altersstufe:

„Das Kind im Mutterleib spürt und hört alles. Gefühle, besonders Ängste und Unruhezustände der Mutter, werden übernommen, da sich das Kind emotional an der Mutter orientiert. Dies bedeutet, dass du bestimmte emotionale Muster wie Unruhe, Freude und Ängste von deiner Mutter übernommen hast. Wenn du später im Leben Menschen begegnest, die deiner Mutter ähneln, erkennst du die Muster und kannst diese Menschen womöglich gut verstehen und dich in sie einfühlen. Es kann aber auch sein, dass du sofort „anspringst" und unruhig oder wütend wirst. Du reagierst auf die Ähnlichkeit zum Charakter deiner Mutter.

Schwerwiegend wirkt es sich aus, wenn deine Mutter das Kind in ihrem Bauch, also dich, nicht lieben konnte, weil sie beispielsweise nicht wusste, wie sie ihren Bauch erspüren oder Kontakt zu dem Kind in ihr aufnehmen sollte. Deshalb ist das Annehmen des eigenen Kindes in der Meditation ein wesentliches Element. Es wird Wert auf das Spüren gelegt: Wie fühlt sich mein Bauch an? Weiß ich, was mein Bauch, das Kind in mir, braucht?

In der Meditation wird die Geburt rekonstruiert, und zwar – das ist wichtig – als Heilfilm, als gesündeste vorstellbare Version. Wir betonen, wie wichtig es ist, das freudige Ankommen im Hier und Jetzt ganz bewusst zu erleben und somit im Unterbewusstsein abzuspeichern. So wird Heilung als erlebte Erinnerung und lebendige Bilder verankert. Dieser Vorgang löscht das andere, frühere völlig aus.

Falls du nicht willkommen warst, wird dies in der Meditation noch einmal kurz erlebt, sodass du eine Ahnung davon bekommst, was genau bei deiner Geburt nicht „optimal und gesund" gelaufen ist. Durch die Mithilfe von uns Engeln kann alles Belastende sogleich ins Positive umgewandelt werden."

Transformation und freudvolles Ankommen im Leben

Nun folgt die eigentliche Heilarbeit. Nimm dir alle Zeit dafür, die du brauchst. Sei achtsam mit dir und deinem Inneren Kind. Und freue dich. Es darf viel Heilung geschehen. JETZT!

Große Geburtsmeditation zum freudigen Ankommen und Angenommensein

1. *Stell dir vor, wie du dich im Mutterleib gesund und wohl fühlst, egal, in welchem Stadium. Bitte Erzengel Raphael, dir bei der Vorstellung zu helfen. Und bitte deinen Schutzengel, dass sich eventuelle Gefühle von Angst, Übelkeit oder Unruhe in Liebe, Zuwendung und Heilung umwandeln dürfen. Der Engel streichelt den Bauch und hilft mit, ein tiefes Gefühl der Geborgenheit und Heilung zu erzeugen.*

2. *Stell dir vor, das Kind (also du!) wächst im Bauch. Wie fühlt es sich? Was an der Mutter findet es gut und was nicht? Erbitte sogleich wieder Umwandlung und Heilung der negativen Bilder in diesem Wachstumsstadium.*

3. *Nun sieh, wie deine Eltern sich freuen und die Geburt eingeleitet werden darf. Der Engel spricht beruhigend mit dir im Bauch. Er sagt: „Wir stehen für dich bereit und werden dir helfen, durch den Gang, den Flur oder den Tunnel zu gehen oder die Rutschbahn wie auf dem Kinderspielplatz herunterzurutschen. Und wir fangen dich auf. Du musst keine Angst haben. Und wenn doch, bitte uns Engel zu Hilfe, damit Angst und Unruhe gehen dürfen."*

4. *Nun empfangen die Engel dich, fangen dich auf und sagen: „Komm schon, rutsche, und du wirst in einem*

weißen Lichtkanal sanft und leicht nach außen glei-
ten." Alles geht leicht und mühelos. Und alle klatschen
und freuen sich, auch deine Eltern, sieh es deutlich
vor deinem geistigen Auge. Und jetzt stell dir vor, Erzengel Raphael oder dein Schutzengel empfängt dich,
und Erzengel Raphael nimmt dich in seinen Arm, hat
dich ganz lieb und viel Freude mit dir, weil du schön
bist und strahlst. Freue dich: Du bist da, kommst gut
an und wirst voller Freude wie auf einer Theaterbühne
mit Applaus und freudigem Hallo empfangen. Das tut
dir gut. Und du spürst die Geborgenheit im Arm des
Engels. Und der Engel zeigt dich deiner Mutter und
deinem Vater, und sie sind sehr berührt und freuen
sich auch. Alle sagen: „Schön, dass du da bist!" Und
du siehst dich selbst, welch strahlendes und göttliches
Kind du bist. Wenn du es dir vorstellen kannst, dass
Mutter und Vater lachen und dich auf den Arm nehmen
und dann wieder dem Engel geben, ist es gut. Wenn
nicht, lass dich weiter von dem Engel halten und tragen. Du bist jetzt angekommen, alle freuen sich auf
dich, jubeln und lieben dich. „Schön, dass du gesund
bist und so süß, so schön, so strahlend", rufen sie. Das
bist du! Siehst du, wie du strahlst?

5. Stell dir nun vor, dass du dich als neugeborenes Kind
    ansiehst, dich auf den Arm nimmst und dir Liebe und
    Wärme gibst. Du hältst dich fest und liebevoll in dei-
    nen Armen. Freue dich, dass du so schön bist. Danke
    den Engeln und gib dann Erzengel Raphael das Kind

(dich) wieder in den Arm. Wenn du etwas Bestimmtes wissen möchtest, so bitte ihn. Oder frage ihn einfach, was er dir zu dem neugeborenen, angenommenen und geliebten Ich in diesem Leben sagen möchte. Sagt er auch etwas zu deiner Mutter? Zu deinem Vater? Lass Heilung geschehen!

6. *Nimm dein Kind wieder in den Arm und sage ihm alles Schöne, was dir auf dem Herzen liegt. Muntere es auf und sage ihm, dass du es sehr lieb hast, dass es das schönste Kind auf der Welt ist, dass es voll göttlicher Liebe und Schönheit ist und du dafür sorgen wirst, dass es diese Liebe und Schönheit leben und ausstrahlen darf − mehr und mehr. Du bist für es da. Dann drücke und küsse es. Bitte Erzengel Raphael und deinen Schutzengel noch einmal darum, dass, wenn noch etwas wichtig ist, dies nun geschehen möge. Und lass es für jetzt gut sein.*

7. *Verabschiede dich nun und stell dir das Neugeborene so wie eben glücklich, geborgen und strahlend vor. Die Nabelschnur wird gelöst, und der Engel hat dich dem Leben übergeben, ist aber immer an deiner Seite. Licht, Liebe, Freude und Vertrauen seien nun in deinem neuen Leben! Dann gehe mit Dankbarkeit für deine Engel aus dem Bild und komme wieder im Hier und Jetzt an.*

Licht und liebe, eure Engelhelfer

Innere Reise durch einen Fragenkatalog für dieses Stadium

Entspanne dich und atme regelmäßig tief ein und aus. Dann begib dich in deiner Vorstellung in deinen Herzensraum und bitte die Engel um Führung und Unterstützung bei der Beantwortung der folgenden Fragen. Werte und urteile nicht dabei. Nimm bloß deine Gefühle wahr und erkenne, wie die Situation war. Wenn du magst, kannst du dir dabei Notizen machen, um den Fragenkatalog später nochmals durchzugehen und zu spüren, welche Belastungen sich lösen durften.

1. *Warst du ein Wunschkind?*
2. *Warst du von Vater und Mutter gewünscht, oder nur von einem Elternteil?*
3. *Waren die Schwiegereltern einverstanden mit der Schwangerschaft oder eher nicht begeistert, weil deine Eltern vielleicht noch sehr jung waren?*
4. *Hatte deine Mutter das Gefühl, von deinem Vater geliebt und unterstützt zu werden?*
5. *Warst du ein Einzelkind, und wurden viele Erwartungen in das Kind, also in dich, gelegt?*
6. *War zuvor ein Geschwisterchen bei der Geburt oder später gestorben, und hatten die Eltern Angst, dass du es auch nicht schaffen könntest?*
7. *War genug Geld da, oder bestimmten finanzielle Sorgen den Alltag der Eltern?*

8. *Gab es eine Angst der Mutter, dass du nicht gesund oder behindert sein könntest?*

9. *Wollte die Mutter unbedingt, dass du zu einem bestimmten Zeitpunkt auf die Welt kommst?*

10. *Bist du auf natürlichem Geburtsweg auf die Welt gekommen oder durch Kaiserschnitt?*

11. *Gab es Komplikationen während der Schwangerschaft oder bei der Geburt?*

12. *Waren Vater oder Mutter während der Schwangerschaft krank?*

13. *Ist in der Familie während der Schwangerschaft jemand gestorben, Oma oder Opa oder ein anderer, nahestehender Mensch?*

14. *Solltest du ein Junge oder ein Mädchen werden?*

15. *Wurdest du adoptiert?*

16. *Hatten die Eltern eine besondere Vorstellung, wie du sein solltest? Was spürst du bei dieser Erinnerung?*

Sei nun gewiss, dass bereits durch Erkenntnis Heilung geschieht. Du bist nun mehr bei dir angekommen, bist angenommen, hast dich selbst angenommen. Somit bist du JETZT freudig in diesem Leben angekommen.

Affirmationen

Kurze positive Heilsätze, sogenannte Affirmationen, können uns darin unterstützen, neue gesunde Muster in unserem Unterbewusstsein zu verankern. Auch Worte sind Energie und wirken auf unseren Körper und unser Energiefeld. Probieren Sie es aus!

Die folgenden Sätze wurden mir für die Stufe 1 der Inneren-Kind-Heilung übermittelt.

1. **Ich lebe in dem vollen Bewusstsein, in diesem Leben meine Gabe leben zu dürfen.**
2. **Ich liebe das Leben und liebe mich, alle Wesen und alles Sein.**
3. **Das Positive, das für mich bereitsteht, nehme ich JETZT in mein Leben auf.**
4. **Ich lasse geschehen, bin im Fluss und erkenne die Zeichen, die Gott mir gibt.**

Welcher Satz spricht Sie am meisten an? Experimentieren Sie und denken Sie daran, dass neue Gedanken ein wenig Übung und Geduld erfordern, ehe sie zur neuen stärkenden und gesunden Gewohnheit und Gewissheit werden.

Verstärkte Wirkung durch hilfreiche Essenzen

Die von mir entwickelten geistigen Essenzen decken mittlerweile zahlreiche Themen des alltäglichen Lebens und für die spirituelle Weiterentwicklung ab. Hier sei die Spezialessenz aus dem Sortiment „Cosmomediterra Light for Life" genannt, die extra für diese Seminarstufe übermittelt und hergestellt wurde. Zur Anwendung der Essenzen lesen Sie den entsprechenden Unterpunkt der Einleitung.

• Essenz „Inneres Kind, Stufe 1,
  Freudvolles Ankommen und Angenommensein
  im Leben".

Schließen möchte ich mit einigen Gedichtzeilen der Engel, die einen Gruß aussprechen und unser neu geborenes Kind auf das Herzlichste willkommen heißen.

Willkommensgruß

Wir lieben dich, mein Kind,
und freuen uns sehr auf deine Ankunft.
Alles, was wir dir geben können
an Liebe, Zuspruch und Trost
und Freude, Leichtigkeit und Sicherheit,
geben wir dir.

Wir freuen uns sehr und sehen dich kommen,
und sehen dich angenommen von uns,
deinen Eltern,
und den Wesen und Menschen der Welt.
Sei sicher und geborgen
in den Armen deiner Mutter und deines Vaters,
in der ganzen Familie gewollt
und anerkannt als Nachfolger in der Familie
und mit Liebe in die Welt gesandt,
um Liebe zu bekommen,
um Liebe zu geben
und anderen den Weg zu ebnen,
denen du begegnest.

Dir ist Liebe gegeben,
um ihnen Mitgefühl und Liebe entgegenzubringen.
Freue dich: Das Leben beginnt, und es wird schön,
und die Hilfen der Menschen und der Engel
sind für dich da.

Stufe 2: Vom Ich zum Du – Sehen, Staunen, Wahrnehmen – Ich entdecke meine Welt (Von der Geburt bis zum dritten Lebensjahr)

Einstimmung

In der ersten Etappe unserer Abenteuerreise ins Leben geht es darum, wie der Säugling und das Kleinkind die Welt „erobern", sie mit allen Sinnen erfahren, und wie sie dabei mit Grenzen umgehen. Über das Sehen, Fühlen, Tasten, Schmecken und Hören entdeckt das Kind seine Welt. Wie freudvoll sind diese ersten Wahrnehmungen? Die Erziehung spielt hierbei eine entscheidende Rolle. Und manche Prägungen können zu nachhaltigen Störungen und Verletzungen führen. Darüber hinaus ist dies die Phase, in der ein gesundes Vertrauen in die erste(n) Bezugsperson(en) entwickelt werden soll.

Die Engel formulieren es so:

„Es ist eine große Gnade, dass ihr JETZT dieses Innere Kind in euch heilen, annehmen und es ermutigen dürft, sich selbst und die Welt neugierig und froh zu erfahren, mit allen Sinnen und spielerischer Neugier. Die Liebe in der Kindheit zur Natur und zum Aufnehmen aller weltlichen Eindrücke und das Staunen und die Begeisterung sind unwiderbringlich und von unschätzbarem Wert."

Störungen erkennen und auflösen

In diesen ersten drei Lebensjahren kann die fundamentale Weichenstellung für unsere gesunde Entwicklung und unser Lebensglück stattfinden. Dazu zählen:

- Das Kind hat ein Urvertrauen in das Leben und in sich selbst.
- Gesundes Körpergefühl.
- Freudiger Entdeckungsdrang und Angstfreiheit.
- Gesunde Entwicklung des Laufen- und Sprechenlernens.
- Es nimmt mit allen Sinnen neugierig und staunend die Welt auf.
- Das Kind findet seinen Platz.
- Es darf Neues ausprobieren und ist mutig, neugierig und kontaktfreudig.
- Gut entwickelte Sinne und Freude an sinnlichen Eindrücken.
- Gesunder Eigenwert und gesunde Abgrenzung.
- Hingabe an das Leben.
- Es vertraut darin, dass das Universum es gut versorgt und ihm Fülle zusteht.
- Es zeigt Vertrauen in eine Bezugsperson.
- Achtung eigener Bedürfnisse.
- Sich liebenswert fühlen.

Im ungünstigen Fall entstehen bereits in diesem frühen Lebensstadium Defizite mit möglichen Folgen.

- Existenzängste, Mangelbewusstsein oder Unwertbewusstsein.
- Fehlende Geborgenheit, daher Neigung zu innerer Anspannung.
- Gefühl der Vernachlässigung und des Alleingelassenseins.
- Fehlendes Vertrauen in sich selbst, in andere und den Fluss des Lebens.
- Ohnmachtsgefühl; kann zum Einnehmen einer „Opferrolle" später im Leben führen.
- Depressionen, Mutlosigkeit, Schüchternheit.
- Unwohlgefühl im eigenen Körper, bis hin zu Süchten und Zwängen.
- Vielfältige Angststörungen, vor allem Angst vor Neuem/Veränderung.
- Kampf um Liebe und Anerkennung, Gefühl des Abgelehntwerdens.
- Krankheitsneigung.
- Verlangsamte oder gestörte Entwicklung, zum Beispiel beim Laufen- oder Sprechenlernen.
- Wahrnehmungsstörungen.
- Fehlendes Gespür für den eigenen Körper und die eigenen Bedürfnisse.
- Berührungsängste oder Abgrenzungsprobleme.

Meditation zur Transformation und Heilung deines Kindes von der Geburt bis zum dritten Lebensjahr

Atme tief ein und aus und stell dir mit jedem Ein- und Ausatmen vor, dass du alles loslässt, dich entspannst und im Fluss bist. Alles darf fließen und im Fluss des Lebens sein. Dann stell dir vor, dass sich über deinem Scheitel, deinem Kopf, der Himmel öffnet und du von einem Licht-scheinwerfer bestrahlt wirst – mit warmem, goldenem, weichem Licht der Geborgenheit, der Kraft, der Verbun-denheit mit der göttlichen Ebene und zur Stärkung. Dieses Licht durchstrahlt und durchleuchtet dich, füllt dich auf, nährt dich und umfasst deine gesamte Aura. Alles ist nun in dieses warme, goldene Licht gehüllt. Dabei denke drei-mal folgende Sätze:

„ICH BIN in der Einheit und im Frieden, und ICH BIN ein Kind Gottes."

Dann gehe mit deiner Aufmerksamkeit zu deinen Fuß-sohlenchakren und stell dir vor, dass Wurzeln aus deinen Fußsohlenchakren wachsen und du dich mit Mutter Erde verwurzelst, dich von ihr getragen und mit ihr verbunden fühlst. Du bist wie ein kräftiger, gesunder Baum mit Mut-ter Erde verwurzelt und stellst dir vor, dass deine Wurzeln weiterwachsen, bis sie eine Steinschicht, eine Heilstein-schicht, erreichen. Welchen Heilstein nimmst du wahr? Welche Farbe hat er? Stell dir vor, deine Wurzeln wach-sen in die Schicht hinein und um die Steine herum und nehmen die Kraft dieses Heilsteins zur Stärkung deines physischen Körpers dankend auf. Kannst du spüren, wie die Kraft des Steins und Mutter Erde über deine Wurzeln angesaugt werden und in deinen Körper gelangen? Genieße und spüre es – vielleicht als Wärme, Kribbeln oder angenehmen Energiefluss.

Dann gehe mit deinem Bewusstsein weiter in Richtung Herzchakra. Hier stell dir vor, dass du in dein Herzzentrum hineingehst, als wenn du nach innen einen Weg entlanggehst, einen Wald- oder Wiesenweg. Links und rechts des Weges blühen Blumen, Schmetterlinge fliegen, und die Sonne scheint. Du gehst weiter geradeaus, bis du in weiter Entfernung einen Torbogen oder eine Tür mitten in der Natur erkennen kannst. Als du näherkommst, nimmst du wahr, dass vor dieser Tür die Engelhelfer stehen, Erzengel Raphael und dein Schutzengel. Sie warten bereits auf dich und helfen dir beim Weitergehen. Auf der Tür, an der du jetzt angekommen bist, liest du die Aufschrift: „Inneres Kind von [dein Name]". Erzengel Raphael lächelt dich an, geht voran und öffnet dir die Tür zu deinem Herzensraum, in dem sich dein Inneres Kind befindet. Du bittest Erzengel Raphael, dir zu helfen, falls du nicht weiterweißt. Wisse, dass du Erzengel Raphael stets um Hilfe bitten und fragen kannst, solltest du einmal nicht weiterkommst.

Stell dir nun vor, dass du Erzengel Raphael in den Raum folgst, und nach dir dein Schutzengel. Der Raum ist hellgrün oder rosafarben. Falls er noch etwas dunkel

*oder neblig ist, bitte Erzengel Raphael, den „Lichtdimmer"
etwas höher zu drehen, damit es heller wird. Dann gehe in
den Raum, warte und bitte Erzengel Raphael, dich zu der
Altersstufe deiner ersten drei Lebensjahre zurückzuführen.*

*Erzengel Raphael und dein Schutzengel führen dich
zu einer Wiege in diesem schönen Raum und zeigen dir
freundlich lächelnd dein Inneres Kind, dich selbst, als neugeborenes Baby in dieser Wiege. Du freust dich und spürst
die Liebe der Engel, die Geborgenheit, das Licht und den
Schutz in diesem Raum. Die Engel ermutigen dich, nun
ganz sanft dein Kind aus der Wiege zu heben und es liebevoll auf den Arm zu nehmen. Sieh und spüre, wie du
dich als zartes, neugeborenes Wesen liebevoll im Arm
hältst und schützt und dir Liebe und Geborgenheit gibst.*

*Wie ist das Gefühl, dieses wunderschöne kleine We-
sen, das du warst und bist, schützend in deinen Armen
zu halten? Du weißt, dass du schön und liebenswert bist.
Lächle und strahle dein Kind mit diesem Gefühl an. Und du
siehst, wie schön du bist und wie dein Kind zurücklächelt.
Erzengel Raphael gibt dir eine Flasche in die Hand mit
farbiger, köstlicher Flüssigkeit, damit du dein Kind nähren
kannst. Welche Farbe hat diese Flasche? Welche Farbe
braucht dein Kind am nötigsten? Achte darauf, was beim
Füttern mit dieser Farbe passiert. Wird dein Kind kräftiger,
oder spürst du körperlich etwas dabei? Nach dem Füttern
gib dein Kind wieder in die Arme von Erzengel Raphael.
Er kümmert sich um es und sagt immer wieder, wie schön*

das Kind ist, also wie schön du bist und wie göttlich du strahlst mit all deiner Kraft, deiner Liebe und deinem Sein. „Sei willkommen und geschützt", sagt er. „Ich bin bei dir und helfe dir, dein göttliches Ich zu leben."

Lass dich nun von Erzengel Raphael an einen Tisch führen: Er hat zwei Fotos bei sich und zeigt sie dir. Er sagt: „In dem Alter von deiner Geburt bis zu deinem dritten Lebensjahr gibt es etwas zu erkennen." Er legt dir ein Bild vor. Was erkennst du darauf beziehungsweise, was kommt dir in den Sinn in diesem Altersabschnitt? Erzengel Raphael stellt eine Schale mit einem reinigenden, heilenden und transformierenden Feuer auf. Das Feuer hat die Farben Grün und Violett. Dieses Feuer ist wie ein Umwandler. Und er hält das Bild hinein, bevor er es dir wieder lächelnd hinhält. Sieh dir jetzt das Bild erneut an und erkenne das Positive, das du hättest erleben können, wenn alles bestens gelaufen wäre. Welche negative Erinnerung darf jetzt in die Umwandlung zum Positiven kommen? Welches Gefühlt hast du jetzt, nachdem das neue Bild da ist?

Als Nächstes holt dein Schutzengel ein zweites Bild hervor. Auch er möchte dir etwas zeigen. Und Erzengel Raphael hilft dir, zu erkennen. Was siehst du auf dem zweiten Bild? Wenn du zunächst noch nichts siehst: Welche Erinnerung kommt dir spontan in den Sinn oder welches Körpergefühl? Kannst du dich an eine ungute Situation erinnern? Wenn etwas unangenehm ist, bitte Erzengel Raphael darum, das Bild in den Umwandler beziehungs-

weise in die Flamme der Heilung und Transformation zu geben. Er tut dies lächelnd.

Dann kommt dir die heile Form beziehungsweise eine gesunde Variante in den Sinn. Achte darauf, was du jetzt wahrnimmst. Wird an bestimmten Körperstellen etwas leichter, wärmer, ruhiger oder freudiger? Wenn du beispielsweise nicht gesehen oder in den Arm genommen wurdest oder Angst hattest, welches gesunde Gefühl darf sich nach der Transformation mit der Hilfe von Erzengel Raphael stattdessen einstellen? Wie wäre es damals auf gesunde Weise abgelaufen? Wie wäre der Film dann ausgegangen? Sieh die neue Szene als „Heilfilm" und spüre, welche heilen Gefühle du nun hast. Zum Beispiel Sicherheit und Vertrauen statt Angst. Oder Geborgenheit, Beachtung usw.

Dann gibt Erzengel Raphael dir dein Kind wieder in den Arm und auf den Schoß. Und wieder reicht er dir eine Farbflasche, dieses Mal in einer anderen Farbe – passend für deine Themen. Welche Farbflasche möchte dein Baby jetzt? Schau zu, wie es in deinem Arm durch das Füttern, deine Aufmerksamkeit und Zuwendung wächst. Es wächst durch dein bewusstes Hinschauen und durch die Liebe, die du dir selbst gibst. Du bist ein wunderbares Kind. Sag das deinem Baby! Und es wächst weiter. Als wie alt nimmst du es jetzt wahr? Drücke und küsse dein Kind, tröste, streichle, versorge und beruhige es, damit es sich wohl fühlt und durch dich ein Gefühl der Sicherheit erlebt.

Falls du das Gefühl hast, du könntest es nicht allein nähren, gib es zwischendurch Erzengel Raphael in den Arm und achte darauf, was er zu deinem Baby sagt. Bitte Erzengel Raphael, dass er sich um dein Kind kümmert. Auch dein Schutzengel kümmert sich um dein kleines Kind.

Dann verabschiede dich, indem du dein Kind noch einmal in den Arm nimmst oder auf den Schoß, falls es schon größer geworden ist. Sage ihm, dass du es sehr lieb hast. Frage, was du das nächste Mal mitbringen sollst. Achte darauf, was bei dir ankommt, was dein Kind braucht und von dir möchte. Notiere oder merke dir jeden Impuls oder Begriff, der dir jetzt in den Sinn kommt. Umarme und küsse dein Kind, verabschiede dich und gib es Erzengel Raphael in die Arme.

Verneige dich vor Erzengel Raphael und deinem Schutzengel, danke ihnen, gehe langsam wieder aus dem Raum und auf dem Wald- oder Wiesenweg zurück. Die Blumen blühen, die Sonne scheint, und die Schmetterlinge fliegen. Du gehst wieder aus deinem Herzchakra heraus, spürst deinen Körper bewusst und bist wieder im Hier und Jetzt auf deinem Stuhl in deinem Zimmer angekommen.

Innere Reise durch einen Fragenkatalog für diese Altersstufe

Entspanne dich und atme regelmäßig tief ein und aus. Dann begib dich in deiner Vorstellung in deinen Herzensraum und bitte die Engel um Führung und Unterstützung bei der Beantwortung der folgenden Fragen. Werte und urteile nicht dabei. Nimm bloß deine Gefühle wahr und erkenne, wie die Situation war. Wenn du magst, kannst du dir dabei Notizen machen, um den Fragenkatalog später noch einmal durchzugehen und zu spüren, welche Belastungen sich lösen durften.

1. *Wurde ich in meinen ersten drei Lebensjahren gut versorgt?*
2. *Hatte meine Mutter Zeit für mich?*
3. *Hat mein Vater sich über mich gefreut, und wusste er mit mir umzugehen?*
4. *Hatte meine Mutter herzliche Liebe für mich, und war sie sicher oder eher unsicher im Versorgen meiner Grundbedürfnisse?*
5. *Fühlte ich mich als Baby und Kleinkind wohl in meinem Umfeld?*
6. *Wurde mir genügend Aufmerksamkeit geschenkt, oder wurde ich nur grundversorgt?*
7. *Hat man mich schreien lassen, wenn ich gerne in den Arm genommen worden wäre?*
8. *Wurden mir in meiner Entwicklungsphase während der ersten drei Jahre starke Grenzen gesetzt, zum Beispiel*

was ich anfassen durfte und was nicht?

9. *Habe ich gelernt, zu vertrauen?*

10. *Waren meine Eltern gut zueinander, oder haben sie oft (wegen mir) gestritten?*

11. *Fühlte ich mich geborgen oder unsicher?*

12. *Wurden meine Bedürfnisse gesehen und erfüllt?*

13. *Wurde meine individuelle Entwicklung gefördert oder eher begrenzt?*

Affirmationen

Schließlich geben uns die Engel wieder drei heilsame Sätze mit auf den Weg, und Sie sind eingeladen, diese im Sinne von Affirmationen zu nutzen.

1. **Ich entdecke das Leben und freue mich über die Kontaktaufnahme.**
2. **Ich berühre und spüre und lebe! Und ich bin fasziniert.**
3. **Ich erkenne meine Welt und die der anderen.**

Hilfreiche Essenz

Für diese Altersstufe durfte ich wiederum eine Spezialessenz herstellen, die die Heilung unterstützt. Sie heißt:

- „Inneres Kind, Stufe 2,
  Erste Wahrnehmungen".

Stufe 3: ICH BIN ich, ICH BIN wertvoll, und ich werde gesehen!
(Vom dritten bis zum sechsten Lebensjahr)

Einstimmung

Wenn die Engel im Folgenden zu uns sprechen, wird der eine oder andere vielleicht mit frühen Erinnerungen in Berührung kommen. Alle Zusammenhänge oder Umstände sind uns vermutlich nicht mehr klar im Bewusstsein, doch oft klingen gemischte Gefühle nach. In der Meditation zu dieser Altersstufe dürfen einige sehr wesentliche Grundsteine in unserem Inneren, die in diesem Abschnitt unserer Kindheit gelegt wurden, in eine heile Form gebracht werden.

Die göttliche Ebene gibt uns erste Hinweise auf die möglichen Themen.

„Das Kind geht in dieser Phase den Schritt vom Ich zum Du. Sein Wunsch, gemocht zu werden, prägt sich aus. Dafür beginnt es mitunter, sich in Szene zu setzen oder wichtig zu machen. Die meisten Bindungs- und Beziehungsthemen wurzeln in diesem Lebensabschnitt. Es können Bindungsängste aufgebaut, oder Bindungen als zu eng oder manipulativ erlebt werden. Von den Eltern sollten gesunde Grenzen gesetzt werden, diese dürfen jedoch nicht zu streng, kontrollierend beziehungsweise eng sein. Wenn das Kind zum Beispiel häufig hört: Wenn du

dies und das tust, dann mag ich dich. Wenn du nicht brav bist, dann...usw.

Auch das Eifersuchtsthema gehört zu den Bereichen der Beziehungsfähigkeit und des Selbstwerts. Oft kommen in dieser Lebensphase Geschwister auf die Welt. Manche Kinder werden dann zum „Tyrannen" oder schieben Krankheiten vor, um gesehen zu werden. Körperkontakt wird auch in diesem Alter groß geschrieben. Um gesehen zu werden, beginnen Kinder in manchen Fällen, sich „nützlich zu machen", also überall mitzuhelfen. Ihr könnt euch vorstellen, wie daraus in einer ungesunden Form das sogenannte Helfersyndrom entstehen kann. Um die Aufmerksamkeit der Erwachsenen zu „erhaschen", wählen Kinder unterschiedliche Wege: Manche durch Helfen, was die Erwachsenn meist als positiv ansehen, andere durch Schreien, Wutausbrüche und Aggressionen gegen sich selbst, das Geschwisterchen und alle anderen. Wieder andere neigen dazu, sich zurückzuziehen, sich zu isolieren, zu kränkeln oder weinerlich zu sein. Es ist sehr wichtig, euch diese Themen anzusehen, da die eingeübten Muster euch später im Berufsleben gegenüber „Autoritätspersonen" oder in Beziehungen zu Freunden – besonders in Gruppen – und Partnern begleiten und Schwierigkeiten bereiten können. Eine gesunde Form zu diesen Themen ist wesentlich für eine gesunde Persönlichkeitsentwicklung. Deshalb ist diese Stufe der Inneren-Kind-Arbeit besonders wichtig."

Störungen erkennen und heilen

Entwicklungshemmende Aspekte in diesem Alter können sich zu gravierenden Störungen herausbilden.

- Gefühl des Abgelehntwerdens und Selbstwertdefizite.
- Bindungsängste, Gefühl der Einengung in Beziehungen.
- Neigung zu theatralischem Verhalten.
- Zu enge Bindungen.
- Manipulationsmuster in Kommunikation und Beziehungen.
- Eifersucht.
- Aggressionen.
- Flucht in Krankheiten (instrumentalisierte Krankheiten).
- Helfersyndrom oder übertriebenes Geben beziehungsweise nicht annehmen können.
- Isolationstendenz, Verschlossenheit.
- Angststörungen.
- Gewalttendenzen, Angstmachen oder Drohverhalten.
- Desinteresse, Ignoranz.
- Vermeidung von Körperkontakt oder kontrollierte Zuwendung.
- Besitzergreifende Liebe oder Überbehütung.
- Große Leistungsorientierung oder, im Gegenteil, Verhinderung von Lernerfolgen.
- Kontrollmuster und Härte.
- Identitätsprobleme.

In der gesunden Form erfährt das Kind in diesem Alter positiv prägende Zustände wie:

- Schutz, Wärme, Verlässlichkeit.
- Anteilnahme, Ermutigung und Anerkennung, es wird ihm ausreichend Zeit gewidmet.
- Gesunder Körperkontakt und gesunde Fürsorge.
- Liebe und Wohlwollen.
- Seine Neugier wird gefördert, und es werden ihm erste, kindgemäße Verantwortungsbereiche übertragen.
- Es hat Zugang zu Wissen, und seine Kreativität wird unterstützt.
- Es wird ernst genommen und in seiner Selbstbestimmung gefördert.

Meditation zur Transformation und Heilung deines Kindes vom dritten bis zum sechsten Lebensjahr

Atme wieder tief ein und aus und spüre, wie du mehr und mehr entspannst. Mit jedem Atemzug darf alles Angespannte, Verbrauchte und Belastende aus deinem Energiefeld, deinem Geist und deinem Körper abfließen. Atme tief ein und aus. Lass los und spüre, wie du zur Ruhe und in deine innere Stille kommst. Nun gehe mit deinem Bewusstsein zu deinen Füßen. Deine Fußsohlenchakren öffnen sich, und es wachsen Wurzeln daraus hervor. Diese Wurzeln verzweigen sich immer mehr in den Boden, in Mutter Erde hinein, die sie sanft um- und empfängt. Freue dich, denn sie schenkt dir Stabilität, nährt und trägt dich. Mit jedem Einatmen steigt nun die Kraft von Mutter Erde durch deine Wurzeln in dir hoch und schenkt dir Energie bis in deinen Kopf und darüber hinaus und bis in jede Zelle hinein. Und mit jedem Ausatmen lässt du alles abfließen, was nicht mehr zu dir gehört. Es fließt durch deine Füße in die Erde, für die es wie ein Dünger ist. So entsteht ein Kreislauf. Spüre ihn mit jedem Atemzug. Ein und aus. Danke für diesen bewussten Austausch.

Nun nimm wahr, wie sich der Himmel über dir öffnet. Stell dir vor, dass du von oben, von der göttlichen Ebene, wie durch einen Scheinwerfer mit goldenem, warmem, weichem Licht bestrahlt, durchstrahlt, gereinigt und eingehüllt wirst. Stell dir weiter vor, dass du mit jedem Ein- und Ausatmen dieses göttliche helle Licht und die Energie in alle Poren und in jede Zelle aufnimmst. Du bist im Licht. Du bist Licht. Und auch deine Wurzeln sind nun durchlichtet. Mit diesen Lichtwurzeln bekommt auch die Erde göttliches Licht, und ihr seid verbunden.

Dann gehe mit deinem Bewusstsein zu deinem Herzzentrum. Hier stell dir vor, dass du ein Fenster öffnest und Sonne, frische Luft und die Natur hereinlässt. Nimm alles wahr, was draußen ist, wenn du das Fenster öffnest. Sieh das Schöne und Reine der Natur. Vielleicht siehst du Blumen blühen, hörst Vögel zwitschern oder beobachtest, wie Schmetterlinge fliegen. Atme wieder ein und aus und öffne dein Herz so, als ob du alles, was du jetzt an Natur und positiver Energie siehst und spürst, umarmst und ebenfalls davon umarmt wirst.

Nun gehe mit deinem Bewusstsein weiter in dein Herzchakra hinein und folge einem langen Gang oder einem Wald- oder Wiesenweg nach innen, bis zum Thronraum deines Herzens. Stell dir hier am Ende des Weges eine Tür vor. Wie sieht die Tür zu deinem Herzensraum aus? Auf der Tür steht: „Thronraum des Herzens und Raum des Inneren Kindes von [dein Name]." Erzengel Raphael und dein Schutzengel warten vor der Tür auf dich und lächeln. Wenn du bereit bist, öffnet Erzengel Raphael die Tür, und du folgst den Engeln in diesen wunderschönen Raum.

Dieser Raum ist von einem schönen weichen Licht durchflutet. Welche Farbe hat es? Wenn das Licht noch nicht ganz so hell ist, bitte Erzengel Raphael, er möge den Dimmer des Lichts höher drehen, bis der ganze Raum in einem wohltuenden hellen Licht erstrahlt. Du spürst dieses Licht und die Wärme auch körperlich, vielleicht durch Wärme und Weiterwerden im Herzen. Genieße es. Und sprich innerlich:

*„ICH BIN eins mit Gott, und ICH BIN in Frieden.
ICH BIN verbunden mit allem Sein in Liebe.
ICH BIN göttlich. ICH BIN."*

Dann blicke dich um in diesem schönen Raum. Kannst du dein Kind auf der Couch sitzen sehen? Wie sieht es aus, dein Kind? Was fühlst du, wenn du es dort sitzen siehst? Vielleicht kommt es dir bereits entgegen. Wenn nicht, gehe du zu ihm und begrüße es. Schau, ob dein Kind es zulässt, dass du es umarmst und liebevoll in den Arm nimmst, und setze dich zu ihm. Erzengel Raphael und dein Schutzengel setzen sich dir gegenüber, und du spürst ihre Liebe und Wärme. Der Schutzengel hat ein Tablett mit verschiedenen Glasfläschchen vor euch auf den Tisch gestellt. Sie enthalten Getränke in unterschiedlichen Farben des Regenbogens und noch mehr. Erzengel Raphael lädt dich und dein Kind freundlich ein, euch je ein Getränk auszusuchen. Er nickt zuerst deinem Kind zu, das sich freut, etwas aussuchen zu dürfen. Welche Farbe wählt es? Schau, ob du wahrnimmst, was passiert, wenn es dieses Getränk zu sich nimmt. Dann nickt Raphael auch dir zu, und du wählst ebenfalls das Getränk in der Farbe, auf die du spontan Lust hast. Welche Farbe ist es? Probiere dein Getränk. Wonach schmeckt es? Woran erinnert es dich? Wie fühlt es sich an, diese Energie zu trinken? Nun schau, ob dein Kind etwas von deinem Getränk kosten will. Es bietet auch dir von seinem Getränk an. Möchtest du es versuchen? Was schmeckst du, und was fühlst du dabei?

Nachdem ihr durch die Getränke gesättigt seid, siehst du, wie Erzengel Raphael eine Schachtel auf den Tisch stellt und sie öffnet, indem er den Deckel abhebt. Es ist eine Fotokiste mit Bildern aus deiner Kindheit im Alter von drei bis sechs Jahren. Erzengel Raphael holt ein erstes Bild aus der Schachtel und reicht es dir. Was kannst du darauf erkennen, beziehungsweise welche Szene kommt dir sofort in den Sinn? Und was empfindest du dabei? Wie sieht dein Kind auf dem Foto aus? Sieh, ob du auf dem Bild das Thema erkennen darfst, um das es geht. Was ist in dieser Zeit womöglich nicht so glücklich oder angenehm für dich verlaufen? Wenn es dir noch nicht ganz klar ist, bitte Erzengel Raphael und deinen Schutzengel, sie mögen dir helfen, zu erkennen und es deutlicher zu sehen. Wenn du es wahrgenommen und dich für einen Moment hingespürt hast, reiche Erzengel Raphael das Foto zurück. Er hält es sogleich über eine silberne Schale, in der eine violette und eine grüne Flamme brennen. Es sind die göttlichen Flammen der Transformation und der Heilung. Und diese Flammen wandeln nun das Thema auf dem Bild für immer um Wenn es vollbracht ist, nimmt Erzengel Raphael das Foto wieder aus dem heilenden Feuer und reicht es dir.

Was hat sich verändert? Kannst du wahrnehmen, wie dein Kind sich in der Szene und das Thema, das vorher nicht in Ordnung war, verwandelt haben? Wie fühlt sich das Neue an? Macht es etwas mit dir? Spüre auch in deinen Körper.

Nachdem du das neue Gefühl ausgiebig genossen und verinnerlicht hast, bittet Erzengel Raphael dein Kind, ein Foto aus der Schachtel zu holen, es soll einfach eins herausziehen und sehen, was es zeigt. Du betrachtest dieses Bild und beginnst zu erkennen... Worum geht es jetzt? Und wie fühlt sich das an, was du siehst oder dir in den Sinn kommt? Macht es dich traurig oder wütend? Und was hätte das Kind in diesem Film zu seinem Glück gebraucht? Mehr Wärme, Liebe, Gesehenwerden, Trost, Zuspruch oder Bestärkung? Was ist es? Sobald die Erkenntnis in dir hochsteigt, sagt Erzengel Raphael: „Das genügt." Er nimmt dir das Foto sanft wieder ab und hält es in die Flammen der Umwandlung und Heilung wie in einen Fotoentwickler, aus dem er es im Handumdrehen verändert wieder herauszieht. Erneut zeigt er dir das Bild, jetzt mit einer verwandelten Szene. Was siehst du jetzt, oder welche Begriffe und Gefühle nimmst du wahr? Was ist das Neue? Speichere das wunderbare positive Gefühl ab, das du gerade genießt.

Nun bist du an der Reihe. Erzengel Raphael bittet dich, ebenfalls intuitiv ein Foto aus der Schachtel zu ziehen. Lass dich von deinem Gefühl leiten, oder bitte die Engel, dich zu führen und dir zu helfen. Was siehst du auf dem Bild, das du nun in Händen hältst? Welche Szene oder welches Thema zeigt sich dir? Nimm die dazugehörigen Empfindungen wahr und spüre, was sich dein Kind gewünscht hätte. Dann übergib Erzengel Raphael das Bild und sieh, wie er es zur Umwandlung und Heilung wiederum in die violett-grünen Flammen hält. In verwandelter positiver Form liegt das Bild nun wieder vor dir. Was erkennst du? Welche gesunde Form zeigt sich dir? Was nimmst du innerlich wahr? Wie fühlt sich dieses Neue an? Genieße es.

Dein Kind möchte noch einmal ein Foto ziehen und dir aus dieser Zeit etwas Schönes zeigen. Erzengel Raphael stimmt zu und hält dem Kind noch einmal die Schachtel hin. Voller Freude greift dein Kind gezielt ein Bild heraus und reicht es dir. Welche schöne Szene oder welch beglückendes Thema erkennst du darauf oder kommt dir dabei in den Sinn? Du freust dich darüber, und dein Kind freut sich mit dir. Vielleicht möchtet ihr euch in eurer Freude und innigen Verbundenheit umarmen, noch etwas kuscheln oder fröhlich sein. Lass es zu. Wenn bei dir oder deinem Kind noch Zurückhaltung besteht, ist das auch in Ordnung.

Du merkst, dass die Engel langsam aufbrechen. Da gibt dir dein Kind plötzlich noch ein Geschenk und strahlt dich an. Was ist es, das dir dein Kind schenken möchte? Sieh genau hin. Wenn du dir nicht sicher bist, was es ist, frage dein Kind oder deinen Schutzengel, damit du es genau erkennst.

Du freust dich sehr darüber und fragst dein Kind: „Mein liebes Kind, ich danke dir sehr. Sag mir, was möchtest du, das ich dir mitbringe, wenn wir uns das nächste Mal sehen?" Lausche, was es dir sagt. Was wünscht es sich von dir? Denke daran, dieses Geschenk das nächste Mal mitzubringen, so, wie du es jetzt versprichst. Dann verabschiede dich liebevoll von deinem Kind und sag ihm, dass du bald wiederkommst und dich jetzt schon darauf freust.

Du gehst mit den Engeln zur Tür, winkst deinem Kind noch einmal und verlässt den Raum. Dort verabschiedest du dich auch von Erzengel Raphael und deinem Schutzengel und gehst voller Freude den langen Weg wieder zurück, vielleicht über die bunte Wiese, gehst langsam aus deinem Herzen heraus, spürst dich wieder in diesem Raum sitzen, spürst deinen Körper und kommst mit einigen tiefen Atemzügen wieder ganz im Hier und Jetzt an.

Innere Reise durch einen Fragenkatalog für diese Altersstufe

Entspanne dich und atme regelmäßig tief ein und aus. Dann begib dich in deiner Vorstellung in deinen Herzensraum und bitte die Engel um Führung und Unterstützung bei der Beantwortung der folgenden Fragen. Werte und urteile dabei nicht. Nimm bloß deine Gefühle wahr und erkenne, wie die Situation war. Wenn du magst, kannst du dir dabei Notizen machen, um den Fragenkatalog später noch einmal durchzugehen und zu spüren, welche Belastungen sich lösen durften.

- *Hast du von deinen Eltern Sicherheit und Geborgenheit erfahren?*
- *Wurde dir Körperkontakt im Positiven gegeben? Wurde also gekuschelt, und wurdest du umarmt? Gab es Nähe und Wärme?*
- *Gab es unangenehme Berührungen, an die du dich erinnern kannst?*
- *Gab es in der Familie Gewalt, zum Beispiel zwischen deinen Eltern oder von deinen Eltern dir und deinen Geschwistern gegenüber?*
- *Hattest du Angst vor der Zukunft oder vor der Dunkelheit?*
- *Wurdest du gesehen, oder musstest du in Krankheit flüchten, um gesehen zu werden?*
- *Hast du schnell geschrien oder aufbegehrt, wenn etwas nicht nach deinen Vorstellungen lief?*

- *Wurdest du beschuldigt oder erniedrigt?*
- *Musstest du Leistung erbringen oder helfen, damit du gesehen wurdest?*
- *Wurden dir strenge Grenzen und Disziplin auferlegt, und herrschte eine gewisse Härte?*
- *Hattest du Grenzen und Strukturen für den Alltag und von den Eltern?*
- *Hattest du Probleme mit deinen Genitalien, mit dem Unterleib oder das Gefühl, dort nicht richtig zu sein?*
- *Gab es zu wenig Vertrauen und Nähe zu einer Bezugsperson?*
- *Gab es in deiner Familie eine Bezugsperson, der du vertrauen konntest?*
- *Bekamst du Lob?*
- *Wurde mit dir viel geschimpft, oder warst du schnell „zu viel"?*
- *Wurde dir gesagt, dass du nicht auszuhalten wärst, wenn du nicht brav warst?*
- *Gab es einen Menschen in deiner Kindheit, in der Familie oder im Umfeld der Familie, vor dem du dich geekelt oder gefürchtet hast?*
- *Warst du krank? Oder war ein Elternteil oder ein Geschwisterchen von dir krank?*
- *Was war dadurch anders, weil jemand in der Familie krank war?*

☆☆☆

Affirmationen

1. ICH BIN geborgen und in Sicherheit. Es ist gut, hier zu sein.
2. ICH BIN gesehen und geliebt. Liebe steht mir zu.
3. ICH BIN gewollt und geliebt, so, wie ich bin, mit all meinen Facetten und Gefühlen.
4. ICH BIN ein geliebtes Kind Gottes. ICH BIN Liebe, und Liebe ist um mich herum.

Hilfreiche Essenz

Für diese Stufe heißt die besondere Innere-Kind-Essenz:

- „Inneres Kind, Stufe 3,
  Gesehenwerden, Wertsein, Identität."

Stufe 4: Ich begleite mein Kind von der Schul- zur Lebensreife
(Vom sechsten bis zum neunten Lebensjahr)

Einstimmung

Die Engel sprechen wieder direkt zu uns, um uns die Bedeutung dieser Altersstufe in der Entwicklung von uns Menschen zu verdeutlichen.

„Das Wichtigste ist für euch zu erkennen, dass ein Kind im Alter von sechs bis sieben Jahren lernt, sehr schnell lernt, es eigenständig sein möchte und viel mehr widerspricht und lügt, als mancher sich vorstellen kann. Die Kinder versuchen, sich „herauszureden" und Notlügen zu erfinden, wenn die Eltern drängen. Deshalb ist es in dieser neuen Lebensphase, vor allem vom sechsten bis siebten Lebensjahr, essenziell, vertrauensvollen Kontakt herzustellen. Das heißt für Eltern also, in der Familie mit dem Kind/den Kindern viel zu unternehmen, damit das Kind sich nicht ausgefragt, sondern angenommen fühlt und sich öffnen kann, wenn es das möchte.

Während des achten und neunten Lebensjahrs ist es wichtig, dass die Eltern nicht allzu viel Druck auf das Kind ausüben, sonst entstehen Machtkämpfe, Verweigerung und Lustlosigkeit. Die Eltern sollten für Freude sorgen. Wenn die Kinder spüren, dass sie immer nur Aufgaben zu erledigen haben und um sie herum alles schwierig scheint, verlieren sie sehr schnell ihre Leichtigkeit und Freude und kapseln sich gerne ab. Sie beginnen beispielsweise, mehr und mehr fernzusehen beziehungsweise sich abzuschotten, kaum mehr Kontakt zu anderen zu pflegen, sondern sich zurückzuziehen und zu „mauern".

Das solltet ihr wissen, denn Kinder sind in diesem Alter äußerst empfindlich, wenn zu viele Anforderungen an sie gestellt werden. Die Schule ist Anforderung genug. Und in den letzten Jahren sind der Leistungsdruck und die von den Kindern geforderte Anpassung nochmals deutlich gestiegen, sodass derzeit viel zu viel von ihnen erwartet wird. Hinzu kommt, dass die Kinder der Neuen Zeit, sprich Indigokinder beziehungsweise Kristallkinder oder hochbegabte Kinder, mit den „normalen" Abläufen im sozialen Gefüge schwer zurecht kommen und dadurch Spannungen entstehen. Die Inneren Kinder werden nicht gesehen. Es zählt allein die Struktur, in die sie hineinwachsen müssen. Ja, müssen! Das spürt ein Kind enorm und empfindet Zwang und Druck, die ihm nicht guttun.

Was könnt ihr im Positiven tun? Speziell in dieser Altersstufe brauchen Kinder viel Raum für Kreativität, um sich entfalten zu können, und ein Hobby, das nicht die Eltern für sie aussuchen, sondern die Kinder aus sich heraus verwirklichen möchten, da es ihrer Veranlagung beziehungsweise Anlage entspricht. Es wäre zum Beispiel wenig sinnvoll, ein Kind ein Musikinstrument wie Flöte oder Gitarre lernen zu lassen, wenn das Kind unbedingt

110

tanzen möchte oder mit Tieren sehr gut umgehen kann. Wir empfehlen euch, zuerst diese Neigung zu akzeptieren und zu fördern und dann eventuell weitere Dinge hinzuzunehmen, so weit sich das Kind dies vorstellen kann.

Es gibt so viele Dinge, die Kinder ausprobieren können und sollten, bevor sie zu irgendetwas genötigt werden, was sie nicht sind. Eine ungute Prägung in dieser Altersstufe zieht sich häufig durch das ganze Leben: Sie lernen nicht, sich zu erlauben, anders zu sein, wenn dies nicht in ihnen gefördert wurde."

Störungen erkennen und auflösen

Betrachten wir einmal eine gesunde und positive Entwicklung des Kindes im Alter von sechs bis neun Jahren. Die wesentlichen Punkte benennen die Engel wie folgt:

Das Kind in diesem Alter…

- fühlt sich wohl, auch in seinem Körper.
- hat normales Körpergewicht und gesundes Essverhalten.
- verfügt über einen gesunden Schlaf- und Wachrhythmus.
- entwickelt Werte und lernt Richtig und Falsch zu unterscheiden.
- kann Freundschaften schließen und wird von anderen Kindern akzeptiert.
- kann sich einer Verrauensperson öffnen und sein inneres Erleben, ob Sorgen oder Freuden, gut ausdrücken.
- ist selbstbewusst, und seine Schuld- und Schamgefühle bewegen sich im normalen Rahmen.
- zeigt bereits bestimmte Neigungen, Begabungen und Stärken.
- kann mit eventuellen Misserfolgen gut umgehen.
- zeigt grob- und feinmotorische Geschicklichkeit.

Anzeichen für behandlungsbedürftige Entwicklungsprobleme

Der gesunden Entwicklung stehen Störungen gegenüber, die das Kind beeinträchtigen, wie wir gesehen haben, häufig bis ins Erwachsenenalter. Die möglichen Themen, die wir dabei im Hinterkopf haben sollen, möchte ich an dieser Stelle wiederum auflisten. Beim Lesen wird der eine oder andere sich vielleicht wiederfinden. Ich bitte jedoch darum, nicht zu tief in diese Energie hineinzugehen. Wesentlich werden die persönlichen Bilder in der Meditation sein. Wir dürfen uns darauf verlassen, dass unser Unterbewusstsein uns mit Hilfe der Engel alles zeigen wird, was jetzt für uns wichtig ist und geheilt werden kann und darf.

Mögliche Schwierigkeiten in diesem Alter:

- Das Kind neigt zu Krankheit (häufig psychosomatisch) oder Unfällen oder klagt über ständige Müdigkeit.
- Es bestehen Tendenzen zur Selbstverletzung, Nägelkauen oder Bettnässen.
- Das Kind zeigt ungesunde Essensmuster oder hat starkes Über- beziehungsweise Untergewicht.
- Es verliert ständig etwas.
- Das Kind wirkt ängstlich oder unsicher.
- Es fühlt sich allein.
- Es neigt dazu, sich innerlich zurückzuziehen oder Bewegung im Freien zu vermeiden.

- Auffälliges Sozialverhalten: zeigt sich sehr aggressiv, arrogant, ungeduldig oder nicht hilfsbereit.
- Es ist auffallend schüchtern oder gar depressiv, schämt sich oft unbegründet oder lässt übermäßige Schuldgefühle erkennen.
- Das Kind schwankt in seinen Leistungen und auch Stimmungen.
- Es kann nicht gut verlieren.
- Es ist entweder extrem ehrgeizig oder verweigert die Leistungen.
- Es hat Angst vor der Schule oder vor Prüfungen.
- Es kann sich nicht konzentrieren, hat keine Ausdauer oder Legasthenie, beziehungsweise es wird eine Aufmerksamkeitsstörung festgestellt.

Meditation zur Transformation und Heilung deines Kindes vom sechsten bis zum neunten Lebensjahr

Atme wieder tief ein und aus und spüre, wie du mehr und mehr entspannst. Stell dir vor, dass alles ins Fließen kommen darf – alle Unruhe, alles Gestaute darf mit jedem Atemzug ausgeatmet und über die Füße abgeleitet werden. Dann stell dir vor, dass sich die Fußsohlenchakren öffnen und kleine Wurzeln daraus hervorwachsen, die sich immer mehr und tiefer in Mutter Erde hinein verzweigen. Danke Mutter Erde für dieses Versorgtsein, Verwurzeltsein und Getragensein.

Stell dir weiter vor, dass du nun von oben, von der göttlichen Ebene, wie durch einen Scheinwerfer mit goldenem, warmem, weichem Licht bestrahlt, durchstrahlt, eingehüllt und durchflutet und genährt wirst. Stell dir weiter vor, dass du mit jedem Ein- und Ausatmen dieses göttliche helle Licht und diese Energie in alle Poren und in jede Zelle aufnimmst und mit jedem Ausatmen etwas davon auch an Mutter Erde abgibst, sodass sich dabei ein Kreislauf bildet. Deine Wurzeln erreichen wieder eine Heilsteinschicht. Welchen Heilstein nimmst du wahr? Welche Farbe hat er? Stell dir vor, wie du die Kraft des Steins in deinen Körper aufnimmst und dadurch gestärkt und energetisiert wirst.

Jetzt gehe mit deinem Bewusstsein zum Herzchakra und folge einem langen Gang oder einem Wald- oder Wiesenweg nach innen bis zum Thronraum deines Herzens.

Stell dir hier am Ende des Weges eine Tür vor. Wie sieht die Tür zu deinem Herzensraum aus? Auf der Tür steht: „Thronraum des Herzens und Raum des Inneren Kindes von [dein Name]." Weiter stell dir vor, dass Erzengel Raphael und dein Schutzengel vor der Tür stehen, lächelnd auf dich warten, dir die Tür öffnen und dich in deinen Herzensraum führen, um deinem Inneren Kind zu begegnen. Du weißt, du kannst Erzengel Raphael und deinen Schutzengel jederzeit um Unterstürzung bitten.

Dieser Raum ist von einem wunderschönen, weichen und warmen rosafarbenen oder hellgrünen Licht durchflutet, durchleuchtet und gefüllt. Du spürst nun, wie du weiter wirst und nimmst es auch körperlich wahr. Genieße dieses Leichter- und Weiterwerden. Sprich innerlich, am besten dreimal, folgende Sätze:

„ICH BIN eins mit Gott, und ICH BIN in Frieden und in der Stille bei Gott.
ICH BIN Christusbewusstsein und eins mit Gott.
ICH BIN Licht und Liebe."

Nun rufe dein Kind im Alter von sechs bis neun Jahren. Sag: „Hallo, mein liebes Kind, ich rufe und bitte dich, wieder mit mir in Kontakt zu treten. Möchtest du mit mir sprechen?" Sieh dich um, ob du dein Kind im Raum wahrnimmst. Wenn es auf einem Sofa oder Platz sitzt oder auf dich zukommt, freue dich und tue deine Freude kund. Falls es nicht so ist und du dein Inneres Kind nicht siehst beziehungsweise findest, sei geduldig, dann braucht es noch etwas Zeit und ist noch nicht gewillt, dir zu vertrauen. In diesem Fall sage ihm, dass es dir leid tut, dass du so lange keinen Kontakt zu deinen Gefühlen, genauer gesagt, zu deinem Bauchgefühl, also zu deinem Kind, gehabt hast beziehungsweise der Kontakt so lange unterbrochen war oder du nicht auf es gehört hast. Erkläre ihm, dass du es jetzt versuchen willst. Rufe dein Kind und sage ihm: „Ich bin jetzt bereit, wieder mit dir in Kontakt zu kommen und zu bleiben."

Dann lass dich von Erzengel Raphael an die Sofaecke führen, wo dein Kind sitzt, falls es so vorstellbar ist, umarme es und sprich mit ihm, wenn es das schon zulassen kann. Nun sei achtsam, denn dein Inneres Kind wird dir jetzt ein Album zeigen. Darauf steht: „Sechstes bis neuntes Lebensjahr." Dein Kind möchte dir Bilder zeigen, um dir Situationen in Erinnerung zu bringen, die durch deine Erkenntnis und mit Hilfe von Erzengel Raphael erlöst und geheilt beziehungsweise umgewandelt werden können und dürfen.

Dein Kind zieht ein Bild aus dieser Altersstufe hervor und sagt: „Schau dir das an! Das lief nicht so gut." Achte darauf, ob du auf dem Bild etwas wahrnimmst, dich wahrnimmst oder eine Situation erkennst, die dich an diese Zeit erinnert. Vielleicht siehst du auf dem Bild nichts, es kommt dir aber eine Situation in den Sinn. Was fällt dir ein? Nimm es ernst. Auch wenn du etwas jünger oder älter gewesen *sein solltest, denke nicht, sondern betrachte und nimm wahr, ob diese Erinnerung ein bestimmtes Gefühl erzeugt, zum Beispiel Traurigkeit, Unruhe, Nicht-gesehen-Werden usw.*

Bitte nun Erzengel Raphael um Hilfe. Er stellt eine Schale mit der hellgrünen und violetten Flamme der Um-wandlung, Transformation und Heilung, die du bereits kennst, auf den Tisch. Die Situation, die du soeben als nicht gesund erkannt hast, darf in den Flammen erlöst werden. Wenn du das Bild wieder aus den Flammen ziehst und be-trachtest, erkennst du sozusagen den Heilfilm dazu. Was siehst du jetzt? Was spürst du? Was erkennst du auf dem umgewandelten Bild? Welche Situationen fallen dir ein? Bitte um Erkenntnis. Frage dein Kind, was du damals hät-test anders machen oder was im Gesunden hätte ablaufen können. Und bitte Erzengel Raphael um Hilfe und Heilung. Achte darauf, welche gesunden Gefühle und Bilder jetzt für diese Situation entstehen. Sieh dir an, wie freudig alles abläuft, und spüre, wie leicht es dir ums Herz wird, wenn du beispielsweise gesehen worden wärst usw.

Dann bedeutet dir dein Kind, dass es noch ein Bild für dich hat. Lass dir Zeit und verfahre ebenso. Was darfst du sehen, spüren, wahrnehmen und erkennen? Frage dein Mädchen oder deinen Jungen nach der Situation. Wenn auf dem Bild zunächst nichts sichtbar ist, wisse, dass auch die Gedanken, die dir durch diese Meditation und die Hilfe der Engel in den Sinn kommen, Erkenntnis bringen kön-

nen. Alles, was sich jetzt zeigt, soll und darf in die Heilung gebracht werden. Auch jetzt nimmt Erzengel Raphael das Bild und gibt es in die violett-grüne Flamme der Umwandlung und zieht sodann das Bild wieder heraus. Es ist jetzt ein freudiges, gesundes Bild, oder es erscheinen gesunde Situationen vor deinem geistigen Auge. Schau genau hin, wie es sich umwandeln darf. Freue dich darüber, dass alles gut läuft und dies die gesunde Variante deiner Lebenssituation ist. Was will dein Kind dir damit sagen?

Als Nächstes nimmt Erzengel Raphael ein weiteres Foto aus dem Album. Es zeigt eine Situation, die ebenfalls geheilt werden möchte. Und er lädt dich ein, genau hinzuschauen. Er sagt: „Ich helfe dir und deinem Kind, dass all die Situationen, die du als nicht gut abgespeichert oder wo du dich nicht gesehen, versorgt oder geliebt gefühlt hast, nun geheilt werden, sodass dein Göttliches Kind mehr und mehr lebbar wird – mit einem heilen und gesunden Selbstwert und Selbstbewusstsein und einer gesunden Eigenverantwortlichkeit."

Was nimmst du wahr? Lass dir Zeit. Schließlich hält Erzengel Raphael das Bild in den Umwandler, in die Heilflamme aus violettem und grünem Licht. Und als er es herausnimmt, ist eine geheilte Version des Geschehens oder ein freudigeres, ruhigeres und stabileres Gefühl wahrnehmbar und erkennbar. Danke deinem Kind und Erzengel Raphael.

„Und nun," sagt dein Inneres Kind „zeige ich dir noch ein viertes Bild von einer Situation, in der ich ganz glücklich war. Ich möchte, dass du weißt, was mich total glücklich gemacht hat." Und dann achte auf das, was du auf dem Bild siehst beziehungsweise was dir dazu einfällt, und schau es dir genau an. Was möchte dein Kind dir damit zeigen und mitteilen? Freue dich darüber und nimm es als Hinweis. Dazu frage dein Kind, bevor du dich wieder verabschiedest, was es sich wünscht, wenn du wiederkommst. „Was soll ich dir mitbringen, wenn ich wiederkomme? Was wünschst du dir?" Warte, was dein Kind dir sagt, merke oder notiere es dir. Nun verabschiede dich von deinem Kind, umarme und drücke es, falls es das schon zulassen kann.

Lass dich von Erzengel Raphael und deinem Schutzengel zurück an die Tür führen, durch die du eingetreten bist. Du weißt jetzt, dass du dir um dein Kind keine Sorgen zu machen brauchst, denn Raphael und dein Schutzengel kümmern sich um es, und du kannst immer wieder hierher zurückkehren und dein Kind besuchen. Verneige dich an der Tür vor den Engeln und verabschiede dich. Dann atme tief ein und aus und stell dir vor, wie du wieder diesen Wald- oder Wiesenweg zurückgehst. Die Blumen blühen, die Schmetterlinge flattern fröhlich, und die Sonne scheint. Du gehst sinnbildlich wieder aus dem Herzchakra heraus und spürst deinen Körper in deinem Raum sitzen. Du bist im Hier und Jetzt wieder wach und präsent und bedankst dich.

Innere Reise durch einen Fragenkatalog für diese Altersstufe

Entspanne dich und atme regelmäßig tief ein und aus. Dann begib dich in deiner Vorstellung in deinen Herzensraum und bitte die Engel um Führung und Unterstützung bei der Beantwortung der folgenden Fragen. Werte und urteile dabei nicht. Nimm bloß deine Gefühle wahr und erkenne, wie die Situation war. Wenn du magst, kannst du dir dabei Notizen machen, um den Fragenkatalog später noch einmal durchzugehen und zu spüren, welche Belastungen sich lösen durften.

1. *Bist du gerne zur Schule gegangen?*
2. *Hast du Freude am Lernen empfunden?*
3. *Kannst du dich noch an deine Schulzeit erinnern oder eher weniger?*
4. *Fühltest du dich oft bedrückt oder hattest du Angst vor neuen Situationen, vor den Lehrern oder anderen Kindern?*
5. *Hast du dich sozial isoliert oder von den anderen abgelehnt gefühlt?*
6. *Warst du als Kind oft körperlich krank?*
7. *Hattest du Aufmerksamkeits- oder Konzentrationsstörungen, oder befandest du dich während des Unterrichts häufig in einer Traumwelt?*
8. *Hattest du als Kind oft Durchfall, Kopf-, Hals- oder Magenschmerzen? Kam Bettnässen vor?*

9. Fühltest du dich als Kind phasenweise depressiv und traurig?

10. Warst du ein sehr aufgewecktes Kind und unruhig?

11. Hast du als Kind unter Essstörungen oder Zwangsverhalten gelitten? Kannst du dich noch erinnern?

12. Waren die Eltern für dich da, wenn du mit ihnen reden wolltest?

13. Waren die Eltern miteinander eins im Auftreten dir gegenüber, wenn es um Entscheidungen ging?

14. Haben sich die Eltern viel gestritten oder sich zu dieser Zeit getrennt?

Affirmationen

Von der Geistigen Welt wird uns die Quintessenz der geheilten Form dieses Lebensalters wiederum in einigen Schlüsselsätzen übermittelt.

1. **Ich nehme wahr, dass ich mich wohlfühle und bei mir bleiben kann.**
2. **Ich freue mich über den Kontakt zu meinen Freunden und drücke mich aus.**
3. **Ich weiß, dass ich das Recht habe, meine Gefühle zu zeigen und zu äußern und gesehen und gehört zu werden.**
4. **Ich bin wertvoll und achte den Wert meiner Mitmenschen.**

Hilfreiche Essenz

Für die Schul- und Lebensreife unseres Inneren Kindes gibt es ebenfalls eine unterstützende Essenz von den Engeln

- „Inneres Kind, Stufe 3,
  Von der Schul- zur Lebensreife".

Freue wir uns nun, dass wir unserem Inneren Schulkind begegnen, es verstehen lernen und heilen durften. Wenn wir jetzt liebevoll an es denken, zaubert dies vielleicht ein Lächeln auf unsere Lippen. Und wir können uns zuversichtlich und neugierig daran machen, es in seinen nächsten Lebensabschnitt zu begleiten. Die Engel werden weiter bei uns sein.

Stufe 5: Pubertätsvorbereitung – Ich freue mich, ein Mädchen/ein Junge zu sein! (Vom neunten bis zum zwölften Lebensjahr)

Einstimmung

In vielen Kulturen wurde (und wird) die Pubertät mit zeremoniellen Riten gefeiert, da sie eine bedeutende Übergangsphase im Leben eines Menschen darstellt. Gefeiert wird dieser Übergang bei uns kaum mehr. Die einschneidenden Veränderungen sind gleichwohl weiterhin für alle Beteiligten sehr wichtig.

Die Pubertät ist in der Tat eine Art Verwandlung und Neugeburt. Es ist die Zeit der eintretenden Geschlechtsreife, die bei den Mädchen meistens etwas früher einsetzt als bei den Jungen. Allmählich bilden sich die Geschlechtsorgane weiter aus. Die Mädchen bekommen rundere Hüften, und die Brust wächst. Zumeist beginnt in dieser Phase die Monatsblutung der Mädchen. Bei den Jungen sprießt teilweise bereits ein Bartflaum, und sie kommen langsam in den Stimmbruch und bekommen ein breiteres Kreuz. Das sind die äußeren Zeichen der Pubertät, die körperliche Verwandlung. Die mindestens ebenso wichtige und tiefgehende geistig-seelische Veränderung ist oft für die Außenstehenden nicht deutlich wahrnehmbar. In diesem Alter hat das heranreifende Kind es mit Widersprüchen zu tun, manchmal entstehen regelrechte innere Kämpfe. So möchte das Kind zu neuen „Ufern" aufbrechen, hängt jedoch gleichzeitig noch an Altem und Gewohntem fest. Daraus resultieren häufige Stimmungsschwankungen: Eben noch ein Häufchen Elend, dann wieder extremes Kichern usw. Die Gefühle fahren Achterbahn. Dass die Kinder, die bald keine Kinder mehr sind, in diesem Alter oft nicht wissen, was sie wollen, ist der Normalfall. Es ist ihre Suche nach der eigenen Identität, die das Abnabeln so wichtig werden lässt.

Hören wir, was uns die Engel zu dieser besonderen Lebensphase zu sagen haben.

„In diesem Alter der Pubertätsvorbereitung besteht das größte Thema in der Abnabelung zwischen Mutter und Kind. Für das Kind entsteht das Gefühl, eigenständig sein zu müssen und/oder zu wollen. Die meisten Eltern haben Probleme mit dem oft eigenartigen Verhalten ihrer Kinder, das sich aus diesem Zwiespalt und diesen Abnabelungsbestrebungen ergibt. Typisch ist, dass die Kinder nirgends mehr mit ihnen hinfahren wollen, wo sie früher noch gerne dabei waren; jetzt finden sie viele familiären Aktivitäten als kindisch oder langweilig. Lieber möchten sie mit Freunden und Kumpels ihre Zeit verbringen, oft nur, um nicht das tun zu müssen, was Mütter oder Väter mit ihnen unternehmen möchten. Für die Eltern ist diese Abnabelungszeit vor allem deshalb nicht leicht, weil sie immer noch meinen zu wissen, was das Beste für ihre Kinder ist. Die Jugendlichen hingegen wollen ihre eigenen Entscheidungen treffen. Außerdem sind die Heranwachsenden erstmals mit Gefühlen und sexuellen Vorstellungen und Träumen mit

Gleichaltrigen oder Idolen beschäftigt. Sie brauchen viel Zeit zum Träumen, auch von Nähe und Liebe. Manchmal verlieben sie sich bereits, wenn auch häufig noch heimlich. Keiner darf es wissen. Viele Jugendliche in diesem Alter pflegen Freundschaften auch zum anderen Geschlecht, die sehr innig sein können. Meistens ist es jedoch eher noch eine Träumerei.

Auffallend ist außerdem, dass in dieser Zeit häufig neue Interessen und Hobbys entstehen, die jugendlichen Idole nachahmen oder neue Aktivitäten verfolgen und ihre Kreativität umsetzen, zum Beispiel Theater, in einer Musikband spielen, tanzen usw.

Gerne haben sie in diesem Alter Geheimnisse und erzählen ihren Eltern nicht mehr alles. Vielmehr ziehen sie sich oft zurück, mehr, als die Eltern es bisher gewohnt waren, indem sie sich beispielsweise im eigenen Zimmer einschließen. Bestimmte Grenzen sollen und dürfen von Mutter und Vater nun nicht mehr überschritten werden.

Bei den Jungs ist häufig unübersehbar, dass sie entweder sehr ruhig werden oder damit beginnen, anzugeben und sich „aufzuspielen". Und sie möchten in diesem Alter keine Schwäche zeigen und tun oft so, als ob ihnen nichts mehr etwas ausmachen würde und sie über den Dingen stünden. Das lernen sie jetzt untereinander. Das Ego bläht sich vielfach auf, was jedoch zu dieser Phase dazugehört. Also, sorgt euch nicht!

Viele Vorsichtsmaßnahmen der Erwachsenen sind überzogen und deren Ängste meist unbegründet. Vielmehr sollten Eltern weiter darum bemüht sein, das Vertrauen ihrer Kinder zu behalten oder zu gewinnen. Die heranwachsenden Jugendlichen möchten nicht ausgefragt werden. Außerdem werden sie nur dann etwas von ihrem (Innen-) Leben erzählen, wenn ihnen daraufhin nicht „alles" verboten wird. Verbote verleiten sie jetzt dazu, nichts mehr zu erzählen und gar nicht erst um Erlaubnis zu fragen. So entstehen Heimlichkeiten. Es hilft, wenn Eltern sich die Zeit nehmen, die Dinge verständnisvoll zu erklären und sich in das Kind einzufühlen. Dennoch gehören Wutanfälle und Launenhaftigkeit bei Kindern in diesem Alter in gewissem Maß dazu und verstärkt sich in der nächsten Altersstufe."

Störungen erkennen und auflösen

Angesichts der oben skizzierten Widersprüche, mit denen das Kind an der Schwelle zum Erwachsenwerden häufig zu kämpfen hat, verwundert es nicht, dass es in diesem Alter zu Verhaltensauffälligkeiten kommen kann. Manchmal kippen diese und werden zu Störungen, die sich mitunter später im Leben verfestigen und behandelt werden sollten. Bitte achten Sie auf die folgenden ungünstigen Entwicklungen.

- Starke Leistungsschwankungen, oft einhergehend mit Schulabstinenz.
- Schulangst oder Mobbing.
- Störungen und Einschränkungen im Ausdruck (das Kind kann sich zum Beispiel nicht freuen, ist wütend oder traurig).
- Das Kind wirkt verschlossen oder zeigt autistische Züge.
- Sein Sozialverhalten ist gestört, zum Beispiel durch übermäßige Aggressionen.
- Schlaf- und Essstörungen.
- Wachstumsstörungen.
- Bettnässen.
- Riskantes Sexualverhalten.
- Ungesunder Lebensrhythmus oder Angewohnheiten, wie zum Beispiel die Nacht zum Tag zu machen, ständige Diäten oder übermäßige Computerspiele usw.

Die folgenden Auffälligkeiten hingegen zählen durchaus zur „normalen" Entwicklung des Kindes in der Pubertät:

- Unsicherheit.
- Stimmungsschwankungen.
- Schamgefühle in gesundem Maß.
- Wunsch nach Intimität, eigenem Raum und Ausdruck.
- Gutes Körperbewusstsein das Mädchen/der Junge fühlt sich wohl im eigenen Körper.
- Entdeckung der eigenen Sexualität.
- Freude am Essen.
- Gesunde Selbsteinschätzung und positiver Selbstwert.
- Gesunde Neugierde, gute Lernmotivation und verträgliches Sozialverhalten.
- Entdecken besonderer Stärken.
- Ein Freundeskreis und flexble Beziehungen.

Meditation zur Transformation und Heilung deines Kindes vom neunten bis zum zwölften Lebensjahr

Atme wieder tief ein und aus. Stell dir vor, du entspannst dich mit jedem Ein- und Ausatmen mehr und mehr, lässt alles ins Fließen kommen und wirst ruhiger und entspannter. Alles darf über die Beine und Füße abfließen. Und du stellst dir vor, dass wieder ein Lichtscheinwerfer auf dich gerichtet wird, indem du spürst, wie sich über dir der Himmel öffnet und der Scheinwerfer dich mit warmem, goldenem, weichem Licht bestrahlt. Und dieses Licht hüllt dich ein, durchleuchtet alle deine Felder und nährt und stabilisiert dich.

Dann stell dir wieder vor, dass deine Aufmerksamkeit zu deinen Füßen wandert, sich deine Fußsohlenchakren öffnen und du Wurzeln in die Erde hineinwachsen lässt. Diese Wurzeln werden immer mehr, verzweigen sich und werden leuchtend und licht – wie das goldene Licht des Scheinwerfers über dir. Und so trägst du das Licht nach unten in Mutter Erde hinein, sodass diese von diesem Licht aus der Quelle ebenso genährt wird und es dankbar aufnimmt. Du bedankst dich bei Mutter Erde für das Getragen-, Versorgt- und Genährtsein. Während du spürst, wie sie sich bedankt, bemerkst du, dass Mutter Erde dir über die Wurzeln eine Farbe zufließen lässt, die du gerade am meisten brauchst. Welche Farbe steigt nun von der Erde über die Wurzeln hinauf in deine Beine, in deinen Körper? Sauge diese Energie dankend als Stärkung deines physischen Körpers auf.

Freue dich und gehe mit deiner Aufmerksamkeit zu deinem Herzchakra, in das Herzchakra hinein, so, als wenn du erneut einen langen Gang oder Wald- oder Wiesenweg entlanggehst, bis du am Ende des Weges eine Tür oder ein Tor wahrnimmst mit der Aufschrift „Thronraum des Herzens und Inneres Kind". Du nimmst wieder Erzengel Raphael auf der linken Seite vor der Tür wahr und auf der rechten Seite deinen Schutzengel und begrüßt beide voller Freude. Erzengel Raphael öffnet dir die Tür und geleitet dich in den Raum. Er geht voran, und ihr betretet den Raum, in dem sich dein Inneres Kind in diesem Altersabschnitt befindet. Welche Farbe hat das Zimmer? Ist es hell oder dunkel? Hat es eine leuchtende Farbe, oder ist es ganz weiß? Schau einfach. Falls es nebelig oder nicht so hell ist, bitte Erzengel Raphael, das Licht im Zimmer anzumachen oder die Vorhänge zu öffnen, damit es heller werden darf.

Betritt nun den Raum und rufe dein Inneres Kind. Vielleicht nimmst du eine Sitzgruppe in dem Raum wahr, auf der dein Kind sitzt und bereits auf dich wartet. Vor dem Kind ist ein Tisch, und darauf liegen ausgebreitet einige Bilder, so, als ob das Kind schon auf dich wartet, um dir etwas zu zeigen. Erzengel Raphael und dein Schutzengel setzen sich zu deinem Kind. Du begrüßt dein Kind. Schau, wie es reagiert, wenn du es begrüßt. Umarme es, falls es das zulassen kann, und sage, dass du dich freust, wieder hier zu sein, damit Heilung und Zusammenarbeit möglich sind und gegenseitiges Annehmen stattfinden kann. Dein Kind ist vielleicht etwas „bockig", traurig oder aber freudig. Sprich mit ihm, wenn du mehr Vertrauen aufbauen willst. Frage es: „Was möchtest du mir heute zeigen? Welche Bilder von dem, was du in diesem Altersabschnitt nicht so toll gefunden hast? Erzengel Raphael wird mithelfen, dass alles durch Erkenntnis und Umwandelung in die Heilung kommt."

Dein Kind nimmt ein Bild von insgesamt zwei bis drei Bildern vom Tisch und zeigt es dir. Was siehst du oder glaubst du wahrzunehmen, oder welche Szene, welche Erinnerung, kommt dir jetzt in den Sinn? Bitte Erzengel Raphael und dein Kind, mitzuhelfen. Es geht nur darum, dein Gefühl wahrzunehmen. Was fühlst du? Warst du eher frustriert, traurig, wütend, ängstlich oder freudig? Falls du dich in dieser Situation abgelehnt, nicht gesehen, ausgelacht oder Ähnliches fühltest, bitte jetzt Erzengel Raphael um Hilfe, nachdem du kurzzeitig dieses ungute Gefühl gespürt und die Erkenntnis daraus gewonnen hast. Erzengel Raphael gibt dieses Bild nun in einen Umwandler, der auf dem Tisch steht und aussieht wie eine Schale mit violetter und grüner Flamme. Er hält das Bild in die Flammen des Transformators, wie er ihn nennt. Und als er das Bild wieder herausnimmt, sieht es aus, als hätte man soeben ein Bild in der Dunkelkammer entwickelt. Es wird immer heller, und es entstehen neue Konturen, und du siehst auf dem Bild in dieser Situation plötzlich ganz freudig und verändert aus. Oder es kommt dir die positive Variante der vorherigen Situation in den Sinn, wie es gewesen wäre, wenn du gesehen, getröstet oder geliebt worden wärst,

oder wenn die Situation plötzlich durch Hilfe positiv ausgegangen wäre. Sieh genau hin: Jetzt wandelt sich das
Bild oder der Film in etwas Positives um, und du spürst
vielleicht Erleichterung und erkennst. Dein Kind freut sich
und umarmt dich, und du weißt, dass dein Kind zufrieden
ist und du das Thema in die Heilung bringst.

Erzengel Raphael nimmt das nächste Bild vom Tisch.
Vielleicht ist es eine positive Erinnerung an ein schönes Ereignis, das du vielleicht ebenfalls verdrängt hast...
Schau, was du auf dem Bild wahrnimmst, spürst oder was
dir spontan in den Sinn kommt. Ist es etwas Angenehmes
oder etwas, das in die Heilung kommen soll? Dann erkenne, spüre und frage, worum es bei dieser Heilung geht,
was da schiefgelaufen ist, warum du auf dem Foto traurig warst oder dich in der Situation so gefühlt hast? Gib
auch hier Erzengel Raphael wieder das Bild, der es in den
Umwandler hält. Daraufhin taucht sogleich wieder eine
völlig geheilte und neue Situation auf, oder du fühlst dich
erleichtert, auch körperlich, und erkennst, worum es ging
und wie es anders gewesen wäre, wenn du zum Beispiel
in den Arm genommen worden wärst, dir zugehört worden
wäre oder du die Situation für dich in einer heilen Variante
erlebt hättest. Genau dazu gibt es nun den Heilfilm. Achte
darauf, was du fühlst, denn Erzengel Raphael hilft dir jetzt,
über das Erkennen und Umwandeln in eine ursprüngliche,
heile Form zu kommen, sodass du zu diesem Thema alles
Ungute, Belastende auflösen kannst. Bedanke, freue dich
und beobachte, wie dein Kind sich freut.

Ein weiteres Bild wird angesehen. Dieses möchte dir dein Kind persönlich geben. Betrachte das Bild. Was will dir dein Kind damit zeigen oder sagen? Was hätte sich damals dein Kind in dieser Situation gewünscht? Wie hätte es anders laufen können? Nachdem du eine Situation und ein Thema erkannt hast, nimm abermals das Bild und übergib es Erzengel Raphael mit der Bitte um Heilung. Und es kommt in den Umwandler, die Schale mit der violetten und grünen Heilflamme. Und als er es wieder herausnimmt und dir zeigt, siehst du eine andere, neue Form des Bildes entstehen, viel freudiger und strahlender. Die gesunde Form der Situation, wie es damals hätte sein können, wenn alles gut gelaufen wäre, läuft nun vor deinem inneren Auge als Heilfilm ab. Bedanke dich und spüre das gute, neue Gefühl dazu.

Nun umarmt dein Kind dich wieder und bedankt sich bei dir, und du bedankst dich ebenfalls. Dann steht dein Schutzengel auf und holt zwei farbige Getränke. Eins davon nimmt dein Kind. Welche Farbe wählt es? Und welche Farbe nimmst du? Achte darauf, denn es bedeutet, dass dein Inneres Kind eine bestimmte Farbe braucht und dein erwachsenes Ich eine andere Farbe – vielleicht zur Leichtigkeit, zum Erden oder Stabilisieren usw. Lies später im Anhang die Erläuterungen zu den einzelnen Farbwirkungen, wenn du magst. Trinkt beide euer Getränk und bedankt euch bei den Engeln.

Du verabschiedest dich von deinem Kind und gehst mit den Engeln wieder bis zur Tür. Dort verabschiedest *du dich auch von dem Erzengel und deinem Schutzengel und weißt, dass du zu deinem Kind zurückkommen und ihm beim Wachsen in eine gesunde, göttliche Form helfen kannst. Du weißt, du kannst wiederkommen, und die Engel stehen dir wieder zur Seite.*

Atme tief ein und aus. Spüre dich wieder mehr in deinem Körper, wie du in diesem Raum sitzt, und sei wieder ganz im Hier und Jetzt angekommen.

Innere Reise durch einen Fragenkatalog für diese Altersstufe

Entspanne dich und atme regelmäßig tief ein und aus. Dann begib dich in deiner Vorstellung in deinen Herzensraum und bitte die Engel um Führung und Unterstützung bei der Beantwortung der folgenden Fragen. Werte und urteile nicht dabei. Nimm bloß deine Gefühle wahr und erkenne, wie die Situation war. Wenn du magst, kannst du dir dabei Notizen machen, um den Fragenkatalog später noch einmal durchzugehen und zu spüren, welche Belastungen sich lösen durften.

1. *Kannst du dich an ein besonderes Ereignis erinnern, als du im Alter von neun bis zwölf Jahren warst?*
2. *Erinnerst du dich an ein erstes Verliebtsein, eine Liebelei oder den ersten Kuss?*
3. *Wie haben deine Eltern darauf reagiert, als sie davon erfuhren?*
4. *Hattest du Probleme mit der Pubertät?*
5. *Wie hast du dich in dieser Zeit mit deiner Mutter verstanden?*
6. *Wie hast du dich in dieser Zeit mit deinem Vater verstanden?*
7. *Welche Laune(n) hattest du? Hast du dich eher zurückgezogen, oder bist du auf Konfrontation gegangen?*
8. *Wie war es in der Schule? Waren deine Leistungen gut oder eher schlecht?*

9. Hast du dich den Forderungen deiner Eltern häufig widersetzt?
10. Hattest du Vertrauen zu deinen Eltern?
11. Gab es eine Bezugsperson, zu der du in diesem Alter Vertrauen hattest? Eine Freundin, einen Freund, eine Schwester/einen Bruder, oder Oma beziehungsweise Opa, Tante usw.?
12. Warst du oft allein?
13. Fühltest du dich als Einzelgänger?
14. Wolltest du überall dabei sein?
15. Hattest du Angst vor dem nächsten Schultag, vor den Schulkameraden/innen oder den Lehrern?
16. Hattest du Angst zu versagen – zum Beispiel, wenn deine Noten nicht so waren wie erwartet?
17. Kannst du dich an etwas in diesem Alter erinnern, das dir große Freude bereitet hat?
18. Wurdest du oft ausgelacht oder vor den anderen gehänselt?
19. Kannst du dich an des erste Verliebtsein erinnern oder an jemanden, in den du dich verliebt hast?
20. Hast du in diesem Alter deinen Körper gespürt und gemocht? Hast du deine Bedürfnisse wahrgenommen?
21. Kannst du dich erinnern, worauf du besonders stolz warst?
22. Wurdest du von deinen KlassenkameradInnen gesehen und geachtet beziehungsweise integriert?

Affirmationen

1. **ICH BIN gesehen und wert-frei erkannt.**
2. **ICH BIN individuell und darf so sein.**
3. **Ich erkenne, dass ich meine Gefühle ruhig ausdrücken kann.**

Hilfreiche Essenz

Für unser Inneres Kind im Alter von neun bis zwölf Jahren lautet die unterstützende Essenz von den Engeln:

- „Inneres Kind, Stufe 5,
  Pubertätsvorbereitung −
  Natürliche Findung der eigenen Weiblichkeit/
  Männlichkeit.

Stufe 6: Ich werde eine Frau/ein Mann und freue mich darüber
(Zwölftes bis fünfzehntes Lebensjahr)

Einstimmung der Engel

„In dieser Altersstufe geht es für euch Menschen vor allem um drei Themen: gesunde Selbstbehauptung, sexuelle Orientierung und allgemeine Identitätsfindung. Ihr könnt vielfach beobachten, dass eure heranwachsenden Jugendlichen sich in diesem Alter von Erwachsenen, Freunden oder Vorbildern Verhaltensweisen abschauen und Ausdrucksweisen oder Ansichten übernehmen und nachahmen. Dies gehört zur Suche ihrer eigenen Identität. Deshalb ist es wichtig, dass eure jungen Menschen in diesem Alter positiv gelebte Rollenvorbilder und Lebensbeispiele haben.

In eurer Inneren-Kind-Arbeit taucht unter anderem die Frage auf: Gab es Frauen (für Mädchen) oder Männer (für Jungens) in eurem Umfeld, an denen ihr euch in eurer Suche nach weiblicher und männlicher Identität orientieren konntet? Und wie ist euer Umfeld mit dem Thema Sexualität insgesamt umgegangen? Natürlich haben die Eltern hier einen großen Einfluss, wenn auch häufig unbewusst. Außerdem ist einerseits Intimität ein wesentliches Thema, andererseits das Achten der eigenen Grenzen. Wie tief waren eure Freundschaften, eure Kommunikation und eure Begegnungen in dieser Altersstufe? Kinder lernen in dieser Phase, sich auf Nähe einzulassen und dabei ihre Grenzen und die individuellen Bedürfnisse nach Abstand, Rückzug mit Selbstliebe und Selbstrespekt zu achten."

Störungen erkennen und auflösen

In dieser Phase von der Kindheit zur Jugendzeit gibt es wiederum sensible Aspekte, deren Verletzungen Störungen nach sich ziehen können. Besonders seien genannt:

- Tendenzen zur Entfremdung (zu sich selbst und zur Umwelt), Rückzug oder Leben in einer Traumwelt.
- Essstörungen aller Art und Selbstkasteiung durch ständige Diäten (bisher vorwiegend bei Mädchen).
- Neigung zu Selbstverletzungen.
- Suchtverhalten diverser Natur (Rauchen, Alkohol, Schokolade, Abhängigkeit von Personen, Computerspielen, Fernsehen usw.).
- Hemmungen.
- Zwanghafte oder depressive Züge.
- Selbstentfremdung, Unfallneigung.
- Alkohol und Drogeneinnahme.
- Jugendkriminalität.
- Psychosomatische Störungen.

Positive Entwicklungen in diesem Alter sind:

- Das Kind hat einen gesunden Selbstwert entwickelt.
- Es kann sich ohne übertriebene Aggression durchsetzen.
- Es wird selbständig und erlebt sich mehr und mehr als selbstbestimmt.

- Es erprobt Intimität auf seine Weise, kann Nähe zulassen und zugleich Grenzen setzen.
- Das Mädchen/der Junge entwickelt ihre/seine Sexualität und sexuelle Orientierung.

Meditation zur Transformation und Heilung deines Kindes vom zwölften bis fünfzehnten Lebensjahr

Setze dich auf einen Stuhl und schließe die Augen. Erlaube dir, dich mehr und mehr zu entspannen. Du atmest tief ein und aus. Mit jedem Ein- und Ausatmen kommst du mehr bei dir an und lässt alles ins Fließen kommen. Alles Belastende darf aus deinem Körper abfließen. Du bist nun vollkommen entspannt. Nun stell dir vor, dass der Himmel sich über dir öffnet und ein Licht wie ein Scheinwerfer über dir und auf dich erstrahlt. Es erfüllt und durchflutet dich mit goldenem, warmem Licht, es hüllt dich ein, stärkt und durchlichtet dich.

Dann lenke deine Aufmerksamkeit auf deine Füße und stell dir vor, wie sich deine Fußsohlenchakren öffnen. Du lässt nun Wurzeln in die Erde wachsen, die sich immer weiter verzweigen. Durch das Licht, das von oben durch dich strömt, verwandeln sich diese Wurzeln in Lichtwurzeln. Dadurch gibst du das göttliche Licht in Mutter Erde und ernährst auch sie. Bedanke dich bei der Erde, die dich trägt und erhält. Indem du Mutter Erde Liebe schickst, sorgst du für Ausgleich im Kreislauf des Lebens. Wenn du magst, spüre diesen Kreislauf aus Licht, Liebe, Nahrung und Dank.

Nun wandert deine Aufmerksamkeit zu deinem Herzen. Spüre dein Herzchakra in der Mitte deiner Brust und gehe nun in deiner Vorstellung in dein Herz hinein, als wenn du erneut einen Wald- oder Wiesenweg entlanggehst, bis du an einen Fluss kommst. Es ist ein wunderschöner sanft und fröhlich strömender oder plätschernder Fluss. An seinem Ufer entdeckst du drei Stühle. Erzengel Raphael und dein Schutzengel haben bereits Platz genommen. Dein Inneres Kind sitzt auch schon auf einem Stuhl, einer Bank oder im Gras. Du gesellest dich zu ihnen und begrüßt sie. Wie reagiert dein Kind auf dich?

Du setzt dich nun zu deinem Kind und den Engeln und siehst, wie Erzengel Raphael sich dem Fluss zuwendet und aus dem Wasser ein schwimmendes Foto herausfischt. Was siehst du auf diesem Bild? Was glaubst du, darauf zu erkennen, beziehungsweise welche Erinnerung wird in dir wach? Wenn du möchtest, bitte Erzengel Raphael und dein jugendliches Kind, dir zu zeigen, worum es geht. Spüre vor allem deine Gefühle dazu. Welche Empfindungen sind mit diesem Bild, mit dieser Szene verbunden? Macht es dich traurig oder wütend, froh oder niedergeschlagen? Wenn du emotional stark betroffen bist, erinnere dich daran, dass es genügt, das Gefühl kurz zur Kenntnis zu nehmen. Gib dann Erzengel Raphael das Bild in die Hand, der es nun umwandelt, indem er es in eine Schale mit der violett-grünen Flamme der Transformation hält. Sobald er das Foto aus dem Umwandler herausnimmt, ist es zum Positiven verändert. Du erkennst darauf eine Situation, wie sie hätte sein können, wenn alles gut gelaufen wäre, einen schönen „Film", der jetzt mit der Gnade der Engel Wirklichkeit wird. Spüre die Freude darüber in dir aufsteigen und sieh genau hin, was nun anders ist. Wie fühlt sich *dein Kind in der Szene, wenn es beispielsweise geliebt, geachtet, integriert und beachtet worden wäre? Du blickst zu deinem Mädchen beziehungsweise deinem Jungen, und wenn es für euch stimmig ist, umarmt ihr euch vor Freude. Dein Kind ist glücklich über diese Heilung.*

Erzengel Raphael angelt ein weiteres Foto aus dem Wasser des kleinen Flusses und reicht es dir. Sieh und erkenne, worum es hier geht. Was kannst du wahrneh-men, und welche Gefühle stellen sich dazu ein? Vielleicht erkennst du auch nichts auf dem Foto, bekommst aber in der Erinnerung eine Sequenz von früher. Oder du kannst es körperlich wahrnehmen. Das ist auch in Ordnung. Er-laube dir, das Thema zu erkennen, und sobald du klar siehst, was hier nicht freudvoll und schön verlaufen ist und welche Gefühle es bei dir auslöst, bitte um Auflösung. Dazu gib dem Erzengel das Bild zurück, der es wiederum den sanft lodernden, violett-grünen Flammen übergibt. Als er das Foto aus dem Entwickler hervorholt, hat es sich ver-ändert. Plötzlich oder allmählich erkennst du die gesun-de Form deines Themas. Was ändert dies nun an deinen Gefühlen? Was ist das Entscheidende für dieses neue, glückliche, warme Gefühl? Mache dir bewusst, dass diese geheilte Form nun in dir verankert ist und alles zu diesem Thema in dir heilt. Das spürt auch dein Kind. Ihr schaut euch an und seid zutiefst zufrieden.

Da kommt euch auf dem Fluss ein drittes Foto entge-gengeschwommen. Der Erzengel greift es und übergibt es

146

dir. Was erkennst du auf diesem Bild, oder welche Erinnerung entsteht in dir? Wie fühlt sich das an? Spürst du, ob du damals als Kind glücklich warst oder unglücklich? Was genau hat dich glücklich oder unglücklich gemacht, und was hat sich womöglich nicht so angefühlt, wie du es dir gewünscht hättest? Nachdem du das Thema nochmals mit den Augen des Erwachsenen, der du heute bist, angeschaut hast, freue dich auf die Umwandlung und Heilung dieses Zustands. Dazu zieht Erzengel Raphael das Foto langsam durch die heilenden und transformierenden Flammen der Feuerschale. Kannst du das neue Bild erkennen? Was ist die positive Entsprechung, dein „Wunschfilm" zu dieser Erinnerung? Und wie fühlt sich diese gesunde, glückliche Variante an? Sieh, wie dein Kind auf diesem neuen Bild aussieht, und nimm wahr, wie es sich fühlt.

Dein Kind ist sehr froh über diese Umwandlung und lächelt dich an. Plötzlich zieht es noch ein Bild aus der Jacken- oder Hosentasche hervor und zeigt es dir. Darauf ist eine Lieblingssituation aus deinem Leben in diesem Alter zu sehen. Welche Freude darf erkannt werden, oder welche kreative Neigung oder Selbstbestätigung will dir dein Kind damit in Erinnerung rufen? Nimm es an, und freue dich drüber...

Erzengel Raphael und dein Schutzengel sind aufgestanden und an das Wasser getreten. Nun winken sie dir und deinem Kind. Die Engel steigen in den Fluss, der ihnen bis zu den Knien geht, und laden dich ein, zu ihnen zu kommen. Du und dein Kind steigt also ebenfalls in das kniehohe Wasser. Dort werdet ihr von Erzengel Raphael und deinem Schutzengel gereinigt. Ihr beginnt, euch lebendig und leicht zu fühlen. Du genießt eine ganze Weile diese besondere Reinigung in dem angenehmen Wasser und erfreust dich mit deinem Kind an diesem wunderbaren Moment. Dein Schutzengel steigt als Erster wieder ans Ufer und reicht dir und deinem Kind einen flauschigen Bademantel. Welche Farben haben diese beiden Mäntel? Worin unterscheiden sie sich? Was brauchst du als Erwachsenen-Ich, und was braucht dein Kind? Lese wieder bei den Beschreibungen der Farbessenzen nach und erkenne deine Themen.

Frieden sei nun in euch.

Dann verabschiede dich von deinem Kind, deinem Schutzengel und Erzengel Raphael. Du umarmst dein Kind und bedankst dich bei allen, und dein Kind bedankt sich auch bei dir. Nun gehe mit deinem tollen Bademantel den Wald- oder Wiesenweg zurück. Du spürst wieder dein Herz und mehr und mehr deinen Körper. Atme tief ein und aus, komme so wieder ins Hier und Jetzt zurück und öffne deine Augen.

Innere Reise durch einen Fragenkatalog für diese Altersstufe

Entspanne dich und atme regelmäßig tief ein und aus. Dann begib dich in deiner Vorstellung in deinen Herzensraum und bitte die Engel um Führung und Unterstützung bei der Beantwortung der folgenden Fragen. Werte und urteile nicht dabei. Nimm bloß deine Gefühle wahr und erkenne, wie die Situation war. Wenn du magst, kannst du dir dabei Notizen machen, um den Fragenkatalog später noch einmal durchzugehen und zu spüren, welche Belastungen sich lösen durften.

- *Kannst du dich an ein besonderes Ereignis erinnern?*
- *Wie haben deine Eltern darauf reagiert, wenn andere Erwachsene deine Reife und Schönheit gelobt haben?*
- *Wie hast du auf Gleichaltrige reagiert, die dir gefallen haben? Scham, Lust, Angst, Kontaktaufnahme, Rückzug...?*
- *Hast du viel vom Verliebtsein geträumt?*
- *Warst du viel allein?*
- *Wie bist du mit Sexualität umgegangen?*
- *Wie sind deine Eltern mit diesem Thema umgegangen?*
- *Bist du aufgeklärt worden, und wenn ja, wie?*
- *Hast du dich als Einzelgänger(in) gefühlt oder viele Freunde gehabt?*
- *Habt ihr über Freundschaften und Liebe gesprochen? Oder warst du zu schüchtern?*

- *Wie hast du deinen Körper und deine Körperlichkeit erlebt?*
- *Wie hast du es erlebt, wenn du angeschaut und gesehen wurdest?*
- *Wie hast du das Erwachsenwerden körperlich erlebt?*
- *Bist du von deinen Klassenkamerad(inn)en beachtet, integriert und mit eingeschlossen, oder eher ausgeschlossen worden?*
- *Haben dir deine Eltern oft Partys und Treffen mit Gleichaltrigen verboten?*
- *Hattest du in diesem Alter schon einen Freund/eine Freundin? Küssen oder mehr?*
- *Waren deine Eltern einverstanden, und haben sie es begrüßt?*
- *Hast du dich den Eltern oft widersetzt?*
- *Hast du viel gelogen oder verheimlicht?*
- *Kannst du dich an heimliche Dinge erinnern, die du getan hast und von denen keiner wissen durfte?*
- *Warst du glücklich, oder eher verwirrt und traurig?*
- *Hattest du viel Kontakt zu Gleichaltrigen außerhalb der Schule?*
- *Wie hast du deinen Körper empfunden?*
- *Hast du gerne gegessen oder oft lange Zeit nichts? War Essen ein Thema?*

Affirmationen

- **Ich werde eine Frau/ich werde ein Mann. Und das ist gut so.**
- **Ich bin Freude in meinem Ausdruck.**
- **Voller Achtsamkeit und gesunder Neugierde sehe und gehe ich positiv ins Leben.**

Hilfreiche Essenz

Für unser „pubertierendes" Inneres Kind haben die Engel uns ebenfalls eine wunderbare Essenz geschenkt:

- „Inneres Kind Stufe 6 –
  Pubertätsreife, vom Kind zum Jugendalter "

Stufe 7: Erwachsenwerden mit gesunder Selbstverantwortung und gesundem Wertbewusstsein (Fünfzehntes bis achtzehntes Lebensjahr)

Einstimmung

An diese Lebensphasen erinnern sich einige von uns noch recht gut oder haben zumindest noch den Eindruck einer recht aufgewühlten und emotional „interessanten" Zeit. Hören wir zunächst, was die Engel uns über diesen letzten Abschnitt unserer Entwicklung vom Kind zum Erwachsenen mitteilen möchten.

Dabei scheint es mir wichtig festzustellen, dass jeder von uns seine ganz persönliche Entwicklung in seinem ureigenen Rhythmus durchläuft. Deshalb können einige Lebensthemen, die viele Menschen gerade in unserem Kulturkreis und zu unserer Zeit bis zum achtzehnten Lebensjahr erfahren, in manchen Fällen durchaus um einiges früher oder später erlebt werden. Wie gesagt, die Einteilung in Altersstufen ist lediglich eine Hilfestellung der Geistigen Welt, um unserem Verstand eine grobe Orientierung zu geben. Das Wesentliche taucht ohnehin direkt aus unserem Unterbewusstsein auf. Das ist es, was zählt und womit wir auf gnadenvolle Weise arbeiten dürfen.

So beschreiben die Engel das Jugendalter vom fünfzehnten bis achtzehnten Lebensjahr:

„In dieser Zeit haben Jugendliche oft das Gefühl, von zu Hause fortgehen zu wollen und ihr eigenes Leben zu leben. Sie fühlen sich einerseits dazu in der Lage, andererseits sind sie aber ängstlich. Je nachdem, was die Eltern ihnen hierzu an Wertbewusstsein mitgegeben haben, wird sich auch das Loslassen von Zuhause gestalten.

Wenn Eltern ihre Kinder schlecht loslassen können beziehungsweise wenig Vertrauen in ihre Kinder und Jugendliche haben, werden diese eher schlecht loslassen können beziehungsweise Schuldgefühle haben oder Suchtmuster entwickeln. Die Erwachsenen sollten die Heranwachsenden unterstützen, bestätigen und ihnen Mut zusprechen, ihren Weg zu gehen. Und sie sollten ihnen zu verstehen geben, dass sie, die Eltern, ihnen immer mit Rat und Tat zur Seite stehen, und nicht schimpfen oder sie gar runtermachen. Die Heranwachsenden werden sonst nichts mehr erzählen und lernen so nicht, sich mitzuteilen. Wenn dies jedoch positiv gegeben ist, werden aus den Jugendlichen kommunikative und lebensbejahende Menschen, die anderen mit Geben und Nehmen in gesundem Maß begegnen können, was wiederum die gesunde Basis für ein reiches, bereichertes Leben ist.“

Nun freuen wir uns, unserem „Inneren Jugendlichen" mit Hilfe der Engel und Unterstützung der folgenden meditativen Übungen eine gesunde Ablösung von der Ursprungsfamilie und eine gesunde Offenheit und Kommunikationsfähigkeit zu ermöglichen.

Störungen erkennen und auflösen

Sicherlich können sich in diesem Alter häufig Defizite aus der früheren Kindheit fortsetzen oder verstärken. Gleichzeitig rücken neue Themen in den Vordergrund, deren ungesunde Ausprägungen folgende Phänomene mit einschließen:

- Selbstwertdefizite, Depressionen,
- fehlende sexuelle Identität,
- sexuelle Störungen,
- Auffälligkeiten im Kommunikationsverhalten, Verschlossenheit,
- fehlendes Vertrauen in andere Menschen,
- selbstverletzendes Verhalten,
- Essstörungen wie Magersucht, Bulimie, Esssucht, Magenprobleme,
- Drogen- und anderes Suchtverhalten,
- kriminelle oder extremistische Neigungen,
- andere Verhaltensauffälligkeiten.

Wenn in diesem Jugendalter eine günstige Weichenstellung und förderliche Umstände vorhanden waren, gibt es – so die Engel – vor allem folgende fünf Punkte, die ein gesunder Heranwachsender in sich trägt oder tragen sollte:

1. Der junge Erwachsene verfügt über eine gesunde innere Überzeugung, wertvoll zu sein.

2. Er/sie hat ein gesundes Wissen über und Verhältnis zur (eigenen) Sexualität.

3. In ihm/ihr besteht das sichere Gefühl, es trotz aller Hindernisse zu schaffen. Der Jugendliche besitzt also gesunden Lebensoptimismus und Selbstbewusstsein.

4. Er/sie kann sich anderen Menschen gut mitteilen.

5. Der junge Mensch ist in der Lage, seinem Leben langfristig ein sinnvolles Ziel zu geben und seinen Lebensweg zu finden.

Meditation zur Transformation und Heilung deines Inneren Kindes vom fünfzehnten bis zum achtzehnten Lebensjahr

Atme wieder tief ein und aus und spüre, wie du immer lockerer und entspannter wirst und alles Gestaute, Trübe aus dir heraus- und durch die Füße in die Erde hinein- fließt. Du atmest und lässt los, mehr und mehr, und wirst immer ruhiger und entspannter. Weiter stell dir vor, dass sich deine Fußsohlenchakren öffnen und kleine Wurzeln daraus hervorwachsen, die immer größer und kräftiger werden und sich immer weiter und tiefer in Mutter Erde hinein verzweigen. Danke Mutter Erde dafür, dass sie dich trägt, nährt und versorgt. Vielleicht bekommst du von Mut- ter Erde ein Geschenk? Es kann sein, dass du am Fuß eines Baumes ein Päckchen für dich liegen siehst oder die Naturgeister dir ein Präsent oder einen Brief überrei- chen. Nimm wahr, ob dir ein Bild oder Gedanke in den Sinn kommt. Merke es dir und bedanke dich.

Nimm wahr, wie sich der Himmel über dir öffnet. Du siehst, wie du von oben, von der göttlichen Ebene, durch wunderbares, goldenes und warmes Licht bestrahlt und durchflutet wirst. Das Licht hüllt dich ein, durchdringt dich sanft, nährt, schützt und reinigt dich. Du bist ganz in dieses göttliche Licht eingehüllt. Mit jedem Ein- und Aus- atmen kannst du dieses Licht ganz in dich aufnehmen und dich mit dieser heilsamen, nährenden Energie aufladen. Und durch deine Lichtwurzeln fließt das Licht auch in die

Erde. Die Naturgeister freuen sich und werden ebenfalls gestärkt.

Dann stell dir vor, dass du mit deinem Bewusstsein ins Herzchakra gehst. Du gehst einen schönen Weg entlang nach innen, bis zu deinem Herzensraum, zum **Thronraum deines Herzens**. Am Ende des Weges ist eine Tür, auf der steht: „Thronraum des Herzens und Raum des Inneren Kindes von [dein Name]." Erzengel Raphael und dein Schutzengel warten dort auf dich, öffnen dir die Tür und führen dich in deinen Herzensraum, damit du deinem Inneren Kind begegnen kannst.

Der Raum ist mit wunderschönem weichen, warmem rosafarbenen Licht durchflutet, durchleuchtet und gefüllt. Du spürst nun, wie du weiter wirst und nimmst es auch körperlich wahr, zum Beispiel als Entspannung oder Wärme. Genieße dieses Leichter- und Weiterwerden und sprich innerlich die folgenden Sätze:

„ICH BIN eins mit der göttlichen Quelle,
aus der mir jetzt bedingungslose Liebe zufließt.
ICH BIN Christusbewusstsein und eins mit Gott.
ICH BIN Licht und Liebe."

Stell dir vor, dass Erzengel Raphael und dein Schutzengel dir ermutigend zunicken, dein Kind zu begrüßen. Kannst du es schon wahrnehmen? Wo ist es, und wie sieht es aus? Begrüße es liebevoll, und wenn dein Kind es *zulassen kann, gehe darauf zu und umarme es. Halte es für einen Moment und schenke ihm Liebe. Vielleicht sagt dir dein junger Erwachsener sogleich, wie es ihm geht, was ihm nicht gefällt oder was ihn stört?*

Du siehst nun, dass Erzengel Raphael euch beiden zuwinkt und zu einem gemütlichen weißen Sofa führt. Er bittet euch, Platz zu nehmen und bringt eine Schachtel. Du ahnst es schon: Sie enthält Fotos, die Erzengel Raphael nun mit euch ansehen und verwandeln möchte.

Er nimmt ein erstes Bild aus dem Karton und zeigt es dir. Was erkennst du, oder welche Erinnerungen fallen dir ein? Spüre und schau, was diese Szene dir zeigen will und was du dabei körperlich empfindest. Wenn es genug ist, nimmt Erzengel Raphael das Foto wieder an sich und hält es in die violett-grüne Flamme der Heilung und Transformation. Sieh die Flammen ihr Werk vollbringen. Sobald Erzengel Raphael das Bild wieder hervorzieht, erkennst du eine positive Veränderung: Was zeigt sich nun, oder welche Impulse tauchen in dir auf? Wie fühlt es sich an, wenn zu dem erkannten Thema alles glücklich und gut verlaufen ist? Wie ist das neue Empfinden?

Erzengel Raphael lächelt und reicht dir die Schachtel, damit du ein zweites Foto auswählst. Du ziehst intuitiv ein neues Foto heraus und betrachtest es, bis du seine Botschaft erkennst. Was kannst du sehen, spüren oder verstehen? Nimm es einfach wahr, und gib Erzengel Raphael das Bild zurück, damit er es wieder über die Schale mit der Heilflamme hält. Violett und grün züngeln die Flammen und transformieren die Sequenz, die du soeben betrachtet hast. Und als du erneut auf das Bild blickst, spürst du einen deutlichen Unterschied. Was kannst du jetzt auf dem Bild erkennen? Was nimmst du wahr, und was spürst du auch in deinem Körper? Du weißt jetzt: Dies ist die gesunde Form deines Themas in diesem Alter und die neuen positiven Gefühle dazu.

Du siehst nun, wie Erzengel Raphael lächelnd ein weiteres Foto aus der Schachtel holt. Er zeigt es dir mit den Worten: „Dies ist nun eine Sequenz deiner Jugend, die schön und gut war, in der du dich wohl oder gut gefühlt hast." Neugierig blickst du auf das Bild. Was erkennst du darauf? Schau es genau an und erinnere dich an diese Szene. Der Erzengel hält das Bild nun ebenfalls in die violett-grüne Flamme der Heilung und Transformation, um das Thema in einer noch heileren und freudvolleren Version wieder hervorzuholen. Wie fühlt sich diese noch glücklichere Form an? Was kannst du dabei sehen und spüren? Nimm dieses schöne Gefühl tief in dein Herz hinein!

Nun nimmst du wahr, wie in dem lichtvollen Thronraum deines Herzens, in dem du dich immer noch befindest, eine große, lichte Gestalt, ein sehr großer weißer Engel auf euch zukommt. Es ist die Einheit der Elohim der Gnade, einer der Schöpferengel Gottes, der uns Menschen den göttlichen Gnadenaspekt bringt. Die Elohim nehmen nun ein letztes Bild aus der Fotoschachtel. Es zeigt noch ein besonders wichtiges Thema, das im Schutz und unter der Führung der Elohim der Gnade und von Erzengel Raphael nun in die Heilung gebracht wird. Was kannst du auf dem Foto erkennen, und was spürst du dabei? Sieh es dir an, bis du erkennst, worum es geht. Dann beobachtest du dankbar, wie die Elohim der Gnade das Bild in die Flammen halten, die jetzt violett, grün und strahlend weiß lodern. Sei gewiss, dass nun Umwandlung geschieht. Als dir das Bild erneut gezeigt wird, erkennst du die wunderbare positive Version deines Themas. Spür genau hin: Was fühlst du dabei? Was siehst du? Genieße diese heile Form.

Du nimmst nun neben dir wieder dein Inneres Kind, das zum jungen Erwachsenen geworden ist, wahr. Vielleicht möchtet ihr euch umarmen. Du sagst ihm noch einmal, wie lieb du es hast, und ihr freut euch gemeinsam. Dein Kind gibt dir an dieser Stelle noch ein Geschenk. Kannst du erkennen, was es ist? Freue dich und nimm es dankend an, bevor du dich von ihm verabschiedest. Ihr wisst, dass ihr verbunden seid und es nun den richtigen Platz in deinem Herzen hat.

Erzengel Raphael reicht euch beiden noch ein Getränk. Was ist es? Welche Farbe oder Farben hat es? Du trinkst es genüsslich und spürst, wie gut es dir tut. Dann ist es Zeit, dich von Erzengel Raphael und den Elohim der Gnade zu verabschieden. Sie geleiten dich zur Tür, du *verneigst dich, winkst deinem Kind zu und gehst langsam den Weg, den du gekommen bist, wieder zurück, vorbei an blühenden Wiesen bei herrlichem Sonnenschein. Und so kommst du aus deinem Herzen heraus und spürst dich wieder mehr in deinem physischen Körper. Du atmest tief ein und aus, öffnest die Augen und bist jetzt wieder ganz im Hier und Jetzt angekommen.*

Innere Reise durch einen Fragenkatalog für diese Altersstufe

Entspanne dich und atme regelmäßig tief ein und aus. Dann begib dich in deiner Vorstellung in deinen Herzensraum und bitte die Engel und Elohim um Unterstützung bei der Bearbeitung der folgenden Fragen. Werte und urteile nicht dabei, nimm lediglich deine Gefühle wahr und erkenne, wie die Situation war. Wenn du magst, kannst du dir dabei Notizen machen, um den Fragenkatalog später noch einmal durchzugehen und zu spüren, welche Belastungen sich lösen durften.

1) Hattest du in diesem Altersabschnitt ein gutes Verhältnis zu deinen Eltern, oder fühltest du dich ihnen fremd und hattest kein Vertrauen?
2) Wurdest du in der Lehr- und Ausbildungs- beziehungsweise Schul- und Studienzeit von deinen Eltern zu Höchstleistungen angetrieben?
3) Hattest du in dieser Zeit mit Alkohol oder Drogen zu tun?
4) Hattest du Gefühle von Wertlosigkeit, Sinnlosigkeit oder Ängsten?
5) Hattest du Depressionen oder Selbstmordgedanken?
6) Fühltest du dich in deiner Ausbildungs- beziehungsweise Schulabschluss- oder Studienanfangszeit allein oder unzufrieden?
7) Hattest du Freunde?

162

8) *Fühltest du dich zu Gleichaltrigen hingezogen, und hattest du einen Freund oder eine Freundin?*

9) *Hattest du oft Liebeskummer?*

10) *Fühltest du dich zum gleichen Geschlecht hingezogen?*

11) *Gab es eine Neigung, dich selbst zu verletzen, oder den Wunsch, deinen Körper zu kasteien?*

12) *Wie war dein Essverhalten? Hattest du Essprobleme wie Magersucht, Esssucht oder Ess-Brechsucht?*

13) *Hast du in dieser Zeit oft die Arbeit oder Schule geschwänzt?*

14) *Hattest du ein gesundes Körper- und Selbstwertgefühl?*

15) *Wenn du am Morgen aufgestanden bist, war der Tag mit Freude oder Angst besetzt?*

16) *Wolltest du so bald wie möglich ausziehen, oder warst du gerne zu Hause?*

17) *Wusstest du schon, was du einmal für einen Beruf ergreifen wolltest beziehungsweise hattest du das Gefühl, dass dein Leben einen Sinn hat?*

18) *Hattest du in dieser Zeit schon einmal mit Jugendkriminalität zu tun oder zeigtest Auffälligkeiten im Verhalten?*

19) *Gab es psychische Störungen oder psychosomatische Krankheiten?*

20) *Hattest du eine Grundüberzeugung davon, dass du wertvoll bist, und einen gesunden Optimismus?*

21) Konntest du gut mit anderen Menschen kommunizieren, oder warst du eher in dich gekehrt und menschen-
scheu?

Affirmationen

1. Ich weiß, dass ich Verantwortung übernehmen kann.
2. Auch wenn ich eine bestimmte Meinung habe, respektiere ich andere Ansichten.
3. Ich freue mich, dass ich meinem Weg folge und mir treu bleibe.
4. Trotz mancher Schwierigkeiten nehme ich das Leben heiter und gelassen. Humor ist (mir) wichtig!

Hilfreiche Essenz

Die letzte der Inneren-Kind-Spezialessenzen, von den Engeln zur Heilung des Kindes im Alter von fünfzehn bis achtzehn Jahren übermittelt, trägt den Namen:

- „Inneres Kind, Stufe 7,
  Erwachsenwerden mit gesunder Selbstverantwortung und gesundem Wertbewusstsein"

Meditation zum Ausklang und Schlusswort

Göttliche Kinder für ein Goldenes Zeitalter

Einzigartige Individuen, vereint in Gott

Es mag zunächst paradox klingen: Wir sind alle einzigartig und doch gleich. Damit meine ich, dass wir alle miteinander verbunden sind, ja, mit allem Leben verbunden, und doch individuell verschieden. Jede Seele bringt ein einzigartiges Potenzia mit auf dieses Erde, das entfaltet werden will. Nachdem wir zu unserem heilen Kern zurückgefunden haben, wird sich dieses Seelenwissen deutlicher melden, so habe ich es immer wieder in den Seminaren bei meinen Teilnehmern erlebt.

Was meinen Sie, geschieht wohl, wenn wir alle innerlich geheilt und frei geworden sind? Wenn wir alle voller Freude unser ureigenes Potenzial leben, unsere Persönlichkeit und Kreativität zum Ausdruck bringen – egal, was wir tun? Nicht jeder ist zum Künstler geboren, wenngleich ich sehe, dass viel mehr Menschen als bisher beginnen werden, zu malen, zu singen, zu tanzen, zu schreiben, zu gestalten, zu gärtnern und zu basteln. Doch auch in der alltäglichen Arbeit in Haus und Garten und im Büro, im Handwerk, in den Schulen, Praxen usw. wird neue kreative Energie fließen, und das, was wir mit Liebe tun, wird Erfolg und Zufriedenheit bringen.

Was also, glauben Sie wird sich in einer Gesellschaft

zeigen, in der mehr und mehr Menschen mit sich und ihren vitalen Aspekten im Reinen und angebunden an das Göttliche sind? Nun, ich meine, dass wir dann umso mehr in der Lage sein werden, alles Leben zu achten, andere Menschen zu respektieren, gar zu lieben, ihre Fähigkeiten neidlos anzuerkennen, uns an ihrem Erfolg (unter echtem Erfolg verstehe ich Erfüllung) und ihrer Freude mitzufreuen. Wir werden großzügig. Unser Licht kann sich so bündeln und verstärken.

Damit diese Vorstellung nicht abstrakt bleibt, biete ich Ihnen zum Abschluss eine kleine Meditation an, die Ihnen dieses neue Gefühl vermitteln kann. Kommen Sie mit auf die goldene Wiese der Neuen Erde, auf der die Göttlichen Kinder zu Hause sind...

Meditation der Göttlichen Kinder

Atme wieder tief ein und aus und spüre, wie du dich mehr und mehr entspannst. Verbinde dich mit Mutter Erde, indem du Wurzeln aus deinen Füßen wachsen lässt und dich gut verankert fühlst. Danke Mutter Erde! Dann verbinde dich mit dem Himmel, indem du dir vorstellst und darum bittest, dass sich der Himmel über dir öffnet und helles, goldenes Licht auf dich herabscheint, dich durchflutet, durchdringt und durchleuchtet. Danke der himmlischen Quelle. Spüre nun die Verbindung zwischen Himmel und Erde und deine Zentrierung im Herzen.

Atme weiter tief ein und aus und in dein Herzchakra hinein. Spüre, wie es warm wird in deinem Herzen, und sieh, wie sich ein kleiner Lichtpunkt in deinem Herzen immer weiter ausdehnt. Mit jedem Atemzug wird das Licht größer und strahlender. Immer mehr dehnt es sich aus, mit jedem Atemzug, bis es dich ganz einhüllt und ein lichtes, strahlendes Feld um dich bildet.

Nun stell dir vor, dass du in dein Herz hineingehst. Dein Schutzengel begleitet dich und führt dich zu einer wunderschönen Blumenwiese. Die Sonne scheint, alles blüht, gedeiht und strahlt im lieblichen Licht der wärmenden Sonne. Du merkst, dass du ein Kind bist, ein strahlendes Kind voller Freude und Staunen für diese herrliche Umgebung. Spüre die übersprudelnde Freude und Heiterkeit deines Herzens und deines Gemüts in dir. Mit wachen Augen blickst du dich um und nimmst eine Vielzahl von wunderschönen Pflanzen, die buntesten Blumen wahr, an denen du dich erfreust. Es sind auch unterschiedliche Tiere da. Schmetterlinge und Vögel, und im Gras huschen vielleicht Hasen oder Eichhörnchen herum. Und dazwischen vielleicht einige Naturwesen: Elfen und Feen. Sie alle sind neugierig auf dich und wollen mit dir spielen. Du hast eine große Freude an dem Leben und liebst alles Leben um dich herum.

Dann bemerkst du, dass hier noch andere Kinder sind. Voller Neugier begrüßt ihr einander. Sieh, wie auch diese Kinder strahlen, aus ihrem Herzen heraus strahlen und glücklich sind. Ihr sprecht euch voller Bewunderung an. Du sagst: „Du hast ein schönes Kleid/Hemd/schöne Kette an! Und sieh mal, ich habe auch so ein schönes Kleid/Hemd/eine so schöne Kette an. Es hat eine andere Farbe, aber beide sind wunderschön, nicht wahr?" Oder du sagst: „Wo hast du denn diese schöne Blume gefunden, die du in der Hand hältst? Komm, ich zeige dir, was für herrliche Blumen ich dort hinten gefunden habe. Dann können wir sie zu einem schönen Strauß binden." Oder ihr zeigt euch jeweils einen Stein, den ihr gefunden habt, und bewundert beide. Oder du sagst: „Du hast aber schöne Augen, und du leuchtest so", worauf das andere Kind zu dir sagt: „Du leuchtest ebenfalls ganz stark. Wir sind **Lichtkinder!**" Und ihr kichert und freut euch. Du erfreust dich auch an dir selbst und findest dich wunderschön.

Das Leben ist schön! Du umarmst die anderen Kinder, und ihr tanzt ausgelassen im Kreis. Du umarmst auch das Häschen, als es sich einen Moment von dir einfangen lässt, und schickst liebevolle Gedanken zu den bunt schillernden Schmetterlingen, zu den Bäumen am Rand der Wiese und zu deinem Schutzengel, der lächelnd das fröhliche Treiben beobachtet.

Dann siehst du, wie er dir zuwinkt und wie die anderen Schutzengel den anderen Kindern zuwinken, damit ihr näher zu ihnen herankommt. Ihr gesellt euch neugierig zu ihnen, denn ihr wisst, dass nun etwas Besonderes geschehen wird. Die Engel deuten Richtung Himmel, und euer Blick folgt der Geste. Da seht ihr plötzlich die schönsten Sterne am Himmel funkeln, so strahlend, wie ihr sie noch nie gesehen habt. Diese Sterne sind so lebendig wie ihr selbst und wie die Blumen und Schmetterlinge auf der Erde und in der Luft und genauso wunderschön. Dein Herz hüpft vor Freude, und du bist sprachlos. Die Sterne beginnen nun, auf die Erde zu schweben und landen sanft bei euch auf der Wiese. Es sind eure Seelensterne. Sie enthalten den göttlichen Plan für jedes Einzelne von euch Kindern. Ihr freut euch, als ihr seht, wie die Schutzengel mithelfen, um jedem von euch seinen wundervoll leuchtenden und verheißungsvoll funkelnden Stern zu überreichen. Auch du bekommst deinen Stern. Er fühlt sich warm und leicht an und ist wunderschön.

Auf einmal wird es ganz still und feierlich. Du siehst,

wie die Engel Platz machen und eine Gasse bilden, und spürst, dass nun jemand Besonderes kommt. Plötzlich nimmst du eine sehr große, lichte Gestalt wahr, die unermessliche Liebe ausstrahlt und sich jetzt eurer Gruppe nähert. Du bist fast geblendet, und ein ehrfürchtig freudvoller Schauer rieselt über deinen Rücken, während dein Herz beginnt, sich noch mehr auszuweiten und sich warm und wie in Liebe gebadet anfühlt. Du erkennst sofort, wer nun vor dir steht: Es ist Jesus Christus. Er ist weiß und strahlend und lächelt.

Jesus spricht: „Lasst die Kinder zu mir kommen, denn ihrer ist das Himmelreich."

Er geht zu jedem Kind, nimmt den Stern, legt ihn in das Herz eines jeden Kindes und segnet es. Das ist sehr berührend und spürbar. Auch dich segnet er, und du bist berührt und spürst die starke Energie. Er sagt: „Sei gesegnet, und gesegnet seien dein Tun und Sein!"

Spüre den Segen, spüre das Licht und die Liebe. Es ist die Liebe Gottes, die allezeit bei dir ist. Genieße es und nimm das Gefühl ganz tief in dich auf. Achte darauf, was du noch hörst oder was er zu dir sagt oder du durch ihn fühlst.

Jesus spricht: „Es ist unermesslich viel Liebe für euch alle da. Mein Vater liebt alle seine Kinder, und er liebt auch dich. Sei gesegnet nun." Spüre diese Liebe. Du fühlst dich befreit, offen, klar, sicher und frei in deinem Herzen. Verneige dich und danke deinem Schutzengel und Jesus für diese unermessliche Liebe. Dann lächelt Jesus und geht wieder.

Nun ist es Zeit, dich von den Engeln und den anderen Kindern, Tieren, Pflanzen und Naturgeistern zu verabschieden. Schließlich gehst du langsam den Wiesenweg aus deinem Herzen heraus. Du atmest tiefer und spürst dich mehr in deinem Körper in diesem Raum, bis du wieder ganz im Hier und Jetzt angekommen bist. Atme und öffne die Augen und sei wieder völlig wach und präsent – JETZT!"

Willkommen zurück! Spüren Sie diese große Freude und Liebe in Ihrem Herzen?

Das ist die neue Qualität der bedingungslosen Liebe. Sie beginnt mit der Eigenliebe. Und erst dann, davon bin ich überzeugt, können wir das große Bibelwort wirklich verstehen und leben: „Liebe deinen Nächsten wie dich selbst."

Es wird uns erst wahrhaft möglich, andere Menschen zu achten und zu lieben, wenn wir satt sind von Eigenliebe und Selbstakzeptanz.

Das ist eines der Geschenke, das die Göttlichen Kinder der Welt bringen.

Ich danke Ihnen dafür. Und auch die Engel sprechen Ihnen dafür großen Dank aus. Mit ihren Durchgaben möchte ich das Buch beschließen:

„Es ist uns Elohim ein Anliegen, dass ihr, indem ihr durch den Prozess gegangen seid, anderen Seelen helft, sich zu akzeptieren, zu lieben und sich ebenso zu öffnen und Altes abzulegen, wie ihr es getan habt. Damit die lichten Kinder/Lichtkinder mehr werden und Weite, Liebe und Achtsamkeit euch selbst, eurem Nächsten und der Natur gegenüber entstehen können. Übernehmt Verantwortung für euer Tun und Denken. Und seid Schöpfer und Mitschöpfer eurer Welt!

Die Verbindung ist euch gewiss. Seid gesegnet, ihr Erdenkinder, mit den Worten, die Jesus als Vorreiter und Kind seines Vaters, unseres Schöpfers, gesagt hat:

„Lasst die Kinder zu mir kommen, denn ihrer ist das Himmelreich. Mein Vater liebt alle seine Kinder unermesslich. Also liebet einander, wie ich euch geliebt habe! Unermessliche Liebe ist für alle da. Amen."

Gesegnet sei alles Sein!"

Über Ingrid Theresia Bleier

Der Grund, warum ich Ihnen zum Schluss dieses Buches die Möglichkeit geben möchte, etwas mehr über mich und mein Leben zu erfahren, liegt in einer Durchgabe, die ich bereits vor etlichen Jahren von den Engeln bekommen habe. Darin wiesen sie mich darauf hin, dass wir Menschen am besten lernen, indem wir Wissen vorgelebt bekommen, mögliche, gangbare Wege bei andern beobachten und anfangen können, in uns zu lauschen, ob etwas davon mit uns in Resonanz geht und ob wir uns animiert fühlen, uns selbst auf unseren Weg zu begeben.

Meine Lebensgeschichte war lange Zeit eine Suche nach Gott und Gesundheit. Dabei habe ich vieles sozusagen am eigenen Leib erfahren. Und dank der göttlichen Welt wurde mir ein höheres Wissen über die Zusammenhänge von grobstofflichen und feinstofflichen Realitäten, von Disharmonien, Blockaden und Krankheiten einerseits und Gesundheit andererseits zugänglich. Heute betrachte ich den Menschen ganzheitlich mit Körper, Geist und Seele, kenne die Rolle der Aura und Chakren und nehme diese wahr. Aus diesen Gründen kann ich manchen Menschen, die nicht weiterwissen oder sich fragen: „Wo stehe ich? Wer bin ich? Wo gehe ich hin?", Impulse oder Antworten geben. Antworten, die – so wurde mir häufig bestätigt – deshalb glaubwürdig und annehmbar sind, weil ich selbst durchlebt habe, wovon ich spreche.

Ich möchte Ihnen daher in kurzen Zügen beschreiben, wie ich von meiner Kindheit auf einem Bauernhof in der Oberpfalz (Bayern) dazu kam, mit Engeln zu kommunizieren, zu arbeiten und mittlerweile dieses Wissen der Geistigen Welt für die Heilung von Mensch und Erde in vielen Städten Deutschlands weitergebe. Natürlich war ich nicht immer ein Medium. Eine einschneidende Wendung erfuhr mein Leben durch Krankheit, und ich danke meinem Höheren Selbst, dass es mich dafür geöffnet hat, Krisen als Chancen zu begreifen. Aber der Reihe nach...

Ich wurde in eine Familie in einem kleinen Ort auf dem Land als erstes von drei Kindern geboren. Mein Leben verlief – so, wie ich es wahrnahm – ganz „normal". Allerdings erinnere ich mich daran, dass ich viel Zeit mit den Tieren und in der Natur verbrachte. Ich kann nicht beurteilen, ob andere Kinder die Natur und die Tiere ebenso lieben, wie ich es tat. Durch den großen Hof meiner Eltern waren Begegnungen mit Tieren und der Natur für mich an der Tagesordnung. Im Nachhinein bin ich meiner Familie dankbar, dass sie mir diese Freiheit in der ländlichen Umgebung ermöglicht hat, woraus meine Erdverbundenheit und Liebe zur Natur wuchsen. Erst jetzt, nachdem ich schon lange erwachsen bin, verstehe ich, wie sehr ich diese Unbeschwertheit genossen habe und wie wichtig und förderlich sie für meinen weiteren Weg war.

Nicht alles ist in meiner Kindheit so verlaufen, wie man es sich hätte wünschen können. Da gab es neben der

Freiheit in anderen Bereichen durchaus Beschränkungen. Das sind Lernprozesse, die jeder Mensch im Laufe seines Lebens durchläuft und die in der Kindheit beginnen. Als Kind war ich überaus lebendig, doch zugleich zurückhaltend, was fremde Menschen anging. Heute weiß ich, dass ich damals bereits sehr gut spüren konnte, ob Menschen für mich angenehme Energien hatten oder nicht. Deshalb war ich nicht immer so offen und „zutraulich", wie man es vielleicht von mir erwartet hätte. Ich glaube übrigens, dass jedes Kind dieses Gespür in sich trägt und wir Erwachsenen sie darin ernst nehmen sollten.

In der Schulzeit blieb ich eher schüchtern. Am Hof meiner Eltern war es selbstverständlich, dass ich im Sommer bei der Heuernte mitarbeitete, wenn andere Kinder zum Schwimmen gingen. Zwischendurch half ich meiner Tante in ihrem Café in einem Nachbardorf. Dies alles machte mir viel Spaß, und zugleich erfuhr ich schon früh, dass das Leben Arbeit bedeutet. Im Café meiner Tante traf ich auf unterschiedlichste Charaktere. Manche Menschen hatten eine angenehme Ausstrahlung, andere weniger, und damit musste ich lernen, umzugehen. Damals wusste ich nicht, dass es besser wäre, unangenehme Personen zu meiden oder mich abzugrenzen. Im Gegenteil, ich hatte gelernt, mich anzupassen und immer freundlich und höflich zu sein. Dieses Muster behielt ich lange bei. Viele Menschen kannten mich als freundlich lächelndes, lebendiges Mädchen. Doch ich selbst fühlte mich innerlich häufig nicht so.

Dann war die Schule zu Ende. Wie viele andere junge Menschen war auch ich vor die Frage gestellt, was ich beruflich mit meinem Leben anfangen sollte. Damals waren die Lehrstellen rar, und obwohl ich lieber in einem Labor arbeiten wollte, begann ich eine Lehre in einem Betrieb mit Stahl- und Eisenwaren. Das war für mich eine harte Zeit, weil ich mich dort völlig fehl am Platz fühlte. Heute weiß ich, dass alles, was das Leben bringt, ein Puzzlestein zum ganzen Bild ist, das sich erst später zusammenfügt und verstanden werden kann. Ich war jedenfalls froh, als die drei Lehrjahre vorüber waren. Natürlich wollte ich nicht in diesem Beruf bleiben. Wie schön erschienen mir dagegen die zurückliegende Schulzeit und die gemeinsame Arbeit mit meiner Tante im Café. Es ergab sich, dass meine Tante, mittlerweile älter geworden, den Betrieb verpachtete. Ich ergriff diese Möglichkeit und hatte von heute auf morgen die Verantwortung für die Leitung des Cafés. Ich war verliebt in meinen damaligen Freund und glaubte fest daran, uns beiden dadurch eine gemeinsame Zukunft zu schaffen.

Selbstständig einen Gastronomiebetrieb zu leiten, ist jedoch mehr Verantwortung und Arbeit, als ich mir zur damaligen Zeit hatte vorstellen können; ich war ja erst 20 Jahre alt. Hinzu kam, dass ich glaubte, alles selbst machen zu müssen. Ich buk Kuchen, kümmerte mich um den Einkauf der Waren und putze auch selbst. Nie mehr ein freies Wochenende, und es gab nur einen sogenannten Ruhetag. Das war ab jetzt mein Leben. Mein Freund konnte nicht ständig anwesend sein, da er noch einem anderen Beruf nachging, und so blieb viel an mir hängen. Hinzu kamen Beziehungsprobleme und die Energien von Suchtmenschen, mit denen ich täglich zu tun hatte. Ich wurde krank, entwickelte eine innere Unruhe und depressive Verstimmungen. Ich rauchte immer mehr, aß immer unregelmäßiger und fühlte mich von Tag zu Tag schwächer. Mit niemandem konnte ich mich darüber austauschen und wollte außerdem keinen mit meinen Sorgen belasten. Das war damals meine Einstellung. Schließlich liefen die zwei Jahre des Pachtvertrags ab. Nun wollte ich endlich das tun, was mich bereits seit langem interessierte, nämlich Psychologie studieren. Es war stets mein Wunsch gewesen, menschliche Verhaltensweisen und Charakterstrukturen zu verstehen. Dazu war es nötig, das Abitur nachzuholen. Also zog ich wieder zu meinen Eltern und fuhr jeden Tag in die Schule.

Aber das Schicksal hatte etwas anderes mit mir vor. Nach einem halben Jahr hörte ich mit der Schule wieder auf, da ich nicht mehr daran glaubte, es schaffen zu können, zumal meine Eltern über die plötzliche Wandlung vom Caféhaus zum Studium nicht begeistert waren. Mein Vater hätte mich gerne in einer „sicheren Anstellung" gesehen. Und so kam es dann. Ich landete alsbald im öffentlichen Dienst. Etwa neun Jahre verbrachte ich in verschieden Behörden. Es war eine recht schöne Zeit, doch irgendwann klopfte meine Seele stärker an, und ich spürte, dass dieses Leben nicht alles sein konnte, wofür ich geboren wurde. Mehr und mehr erkannte ich, dass ich zwar um 17 Uhr das Büro verließ, abends jedoch zu nichts mehr Kraft und Lust hatte und stets träger wurde. Andere beneideten mich, und oft bekam ich zu hören: „Was willst du denn? Du hast es doch so schön." Ich aber wurde mit jedem Tag gedrückter und trübsinniger. Immer mehr Allergien und Hautprobleme sowie depressive Verstimmungszustände konnte ich an mir beobachten. Außerdem bestand mein Partnerschaftsproblem fort; ich sah mich jedoch nicht in der Lage, mich zu lösen. Zu fest waren die anerzogenen Muster in mir verankert, wie „man" zu sein habe, dass man sowieso nichts ändern könne und das Leben eben nicht leicht sei.

Meine Odyssee von Arzt zu Arzt begann, denn mittlerweile hatte ich massive Probleme mit Allergien, der Verdauung, der Haut und fühlte ich mich kraftlos. Keiner konnte mir helfen, es wurde mit der Zeit eher noch schlechter. Heute weiß ich natürlich, dass meinen gesundheitlichen Themen diverse seelische Konflikte wie Unzufriedenheit im Beruf und Beziehungsprobleme zugrunde lagen. Schließlich kam ich auf Empfehlung meines Arztes in eine Naturheilklinik im Schwarzwald. In dieser Klinik war nun einiges anders für mich: Die Ärzte begegneten mir äußerst verständnisvoll und betrachteten den Menschen ganzheitlich im Zusammenspiel aus Körper, Geist und Seele. Ich erlebte Entgiftung und Ausleitung durch 30-tägiges Fasten, Ernährungsumstellung zur Vegetarierin, Bachblütentherapie, Homöopathie und psychologische Gespräche sowie

Vorträge über Ernährung und die Zusammenhänge von Gesundheit und Krankheit. Wissbegierig sog ich das für mich neue Wissen förmlich auf und erlebte einen enormen Erkenntniszugewinn. Gleichzeitig verursachten die Ausleitungsvorgänge Fieber und Schmerzen. Ich reagierte damals auf die Entgiftungsmaßnahmen so heftig, dass ich an den Handinnenflächen und Fußsohlen „eiterte", wie in der Klinik der Entgiftungsvorgang der Patienten bezeichnet wurde. Das Gefühl, innerlich und äußerlich „grundgereinigt" zu werden, war deutlich. Intuitiv wusste ich, dass dieser Prozess notwendig war, damit ich wieder zu mir finden konnte. Wochenlang konnte ich nur unter Schmerzen aufstehen, und so lag ich und begann, die Bibel zu lesen, die ich in meinem Nachttisch fand. Ich dachte nach und weinte oft über all die Dinge, die ich glaubte, in meinem Leben falsch gemacht zu haben. Nun war ich bereit für Veränderung. Die Bibel gab mir Kraft und Mut. Ich verstand plötzlich so vieles von den Gleichnissen und Worten der Bibel. Ich verstand sie für mich.

Mir fiel es schwer zu akzeptieren, dass ich nicht arbeiten konnte. Gleichzeitig war diese Phase ein wichtiger Reifungsprozess, den ich trotz allem nicht missen möchte. Nach vielen Wochen wurde ich aus der Klinik entlassen und fühlte mich sprichwörtlich wie neu geboren. Ich war ein anderer Mensch. Als ich nach Hause kam, bemerkte mein Umfeld ebenfalls diese Veränderung an mir. Endlich schaffte ich es, die langjährige Beziehung zu meinem Freund zu beenden. Da ich noch nicht so gesund war, um ganz ohne Hilfe auszukommen, nahm meine Schwester mich zu sich, und ich bin dankbar für ihre Liebe, ihr Verständnis und ihre Geduld, denn ich war sicher nicht immer einfach in meinem damaligen Selbstmitleid als kranke Person.

Nach einem halben Jahr war ich in der Lage, eine neue Wohnung zu beziehen und kam endlich wieder allein zurecht. Es war ein Geschenk für mich, und ich war fest davon überzeugt, dass es von nun an aufwärts gehen und alles gut werden würde. Durch das Lesen der Bibel hatte ich meinen Bezug zu Gott wiedergefunden und wusste, dass ich in diesem Vertrauen auf Gottes Kraft und Hilfe wieder vollkommen gesund werden würde. Da ich noch nicht fit genug war, um wieder zu arbeiten, hatte ich weiter viel Zeit für mich. Mit diesem Alleinsein kam ich nicht so gut zurecht, zumal ich jetzt ohne Partner lebte, während ich früher ständig Menschen um mich gehabt hatte.

Da sich meine Nahrungsmittelallergien weiterhin als teils starke Hautreaktionen zeigten, lernte ich, zu pendeln. Ich testete über das Pendel aus, welche Nahrungsmittel ich essen konnte und auf welche mein Körper allergisch reagierte. Ich erlebte, dass ich anfangs das Pendeln beeinflussen konnte, indem ich so lange pendelte, bis mein gewünschtes Essen bestätigt wurde. Allerdings bekam mir mein Mahl dann nicht sonderlich. Allmählich lernte ich, unvoreingenommen und ohne etwas zu wollen, meine Pendelergebnisse anzunehmen und mich danach zu richten.

Ich merkte, dass es mir damit besser ging, ich immer mehr essen konnte und zunehmend gesünder wurde. Dadurch lernte ich, mehr auf meinen Körper und meine innere Stimme zu hören.

Zu dieser Zeit hatte ich einen guten Arzt, mit dem ich befreundet war und der schon früh bemerkte, dass ich ein feinfühliges Wesen bin. Er war es, der mich immer wieder ermunterte und bestätigte, den Wunsch einer beruflichen Veränderung in die psychologische Richtung ernst zu nehmen. Oft erzählte ich voller Begeisterung von meinen klaren Träumen und Erlebnissen sowie meinem inneren Drang, Menschen zu helfen und sie zu verstehen. „Vielleicht solltest du den Heilpraktiker machen", bekam ich oft von ihm zu hören. Aber trotz all der Ermunterung glaubte ich nicht daran, dass ich es schaffen würde, eine völlig neue berufliche Richtung einzuschlagen. Psychologie zu studieren, dafür war es zu spät, und den Beruf des Heilpraktikers stellte ich mir damals fälschlich sehr eingeschränkt vor. Ich hingegen wollte die Seele der Menschen berühren. Ich wollte die Zusammenhänge von Krankheit ganzheitlich sehen und verstehen und den Menschen von seinem Inneren her erkennen. All dies fühlte ich ohnehin bereits in mir. Seit ich aus der Klinik entlassen war, hatte ich häufig Impulse bei Menschen, die sich zunehmend als richtig erwiesen.

Noch quälten mich Zweife . Zu sehr, so dachte ich, hatte ich bisher bereits falsche Wege beschritten. Was wäre, wenn ich wieder die falsche Entscheidung träfe? Beharrlich betete ich zu Gott und seinen Engeln, sie mögen mir den rechten Weg zeigen. Auffällig häufig begegnete ich daraufhin Menschen, die sich in einer ähnlichen Situation befanden wie ich, die ebenfalls Krankheiten hinter sich hatten, spirituell ausgerichtet waren und das neue Bewusstsein einer ganzheitliche Sichtweise von Körper, Geist und Seele vertraten. Über diese sogenannten „Zufälle" landete ich in einem Seminar von Tom Johanson, einem bekannten englischen Heiler. Mein Herz schlug bis zum Hals, als ich mit ihm ein persönliches Gespräch suchte. Warum ich nicht gesund würde und doch so viel Liebe in mir spürte und den Wunsch, Menschen zu helfen und zu heilen, und dass ich nicht wüsste, was mich der Erfüllung dieses Wunsches näherbrächte. Das waren damals meine Fragen an ihn. Ich erlebte eine Fernheilung durch ihn und hatte kurz darauf einen Traum, in dem mir Tom erschien. Er lächelte im Traum und zeigte mir ein Zeichen: einen Stab mit einer Schlange darum gewickelt. Es dauerte ein bisschen, bis ich diesen Hinweis als Einladung, die Heilpraktikerprüfung abzulegen oder als Heilerin zu arbeiten, zu deuten wusste. Es war das Zeichen des Äskulapstabs, das Symbol der Heilerzunft.

Weitere Jahre vergingen, in denen ich durch verschiedene Menschen und besondere Ereignisse auf meinem Weg geführt wurde. Dazwischen erlebte ich Phasen der Verwirrung, der Entmutigung und der Einsamkeit. Eine Beziehung scheiterte. Tiefe Liebe verband mich mit diesem Mann, aber er spürte das nicht genauso und wollte sich nicht binden. Durch die Trennung wurde ich erneut und noch mehr auf mich selbst zurückgeworfen. Es interessierte mich kein anderer Mann, und so fühle ich mich oft einsam, als Einzelgängerin, ja, Einzelkämpferin.

In dieser Zeit begann ich, zu meditieren. War ich zuvor recht labil und meist lustlos gewesen, stellte ich nun fest, dass ich durch tägliches Meditieren stabiler und disziplinierter wurde. Ich fand einen Zugang zur Freude in mir. Irgendwann begann ich, Gegenstände oder Pflanzen intensiv zu betrachten und stellte einen hellen Rand um sie herum fest. Meine Wahrnehmung verfeinerte sich zunehmend. Bei Freunden spürte ich oft sofort, wenn es ihnen nicht gut ging, und ertastete ihr Energiefeld mit meinen Händen, wenn es nicht in Ordnung war. Ich konnte mir allerdings noch nicht erklären, weshalb meine Hände plötzlich zu kribbeln begannen und es meinen Freunden nach der Berührung meiner Hände besser ging. Erst viel später erfuhr ich durch Bücher als eine Art Bestätigung, dass es um den physischen Körper des Menschen, und nicht nur des Menschen, ein Energiefeld gibt, das Hellsichtige oder Hellfühlige sehen beziehungsweise spüren können.

Eines Tages, in tiefer Meditation, versunken in die Betrachtung einer Blume, fiel ein Buch aus dem Bücherregal, ohne dass ich irgendetwas bewegt hätte. Zuerst erschrak ich und suchte nach Erklärungen. Später war mir klar, dass dies ein Hinweis aus der göttlichen Welt für mich war: Dieses Buch ist wichtig, lies es! Es war das Buch von Tom Johanson, das ich bereits lange im Bücherregal stehen hatte, mit dem Titel „ZUERST HEILE DEN GEIST". Gleichzeitig begann ich tatsächlich, mich mit Büchern von Dr. Bach, Barbara Ann Brennan usw. zu beschäftigen. Es war schön, endlich Bestätigung für mein Fühlen und Denken zu finden, anstatt weiter zu vermuten, mit mir stimme etwas nicht.

Ein intensives Erlebnis ist mir in besonders lebhafter Erinnerung: Ich war beim Wandern, wie ich es jedes Jahr zwei bis dreimal tue, um mit Gott und der Natur eins zu sein. Meistens bleibe ich etwa eine Woche, faste, meditiere und halte mich viel draußen auf. Diese kleinen Auszeiten gönne ich mir nach wie vor gerne. An besagtem Tag hatte ich mich auf der Heimfahrt vom Schwarzwald verfahren. Statt der üblichen fünf Stunden war ich daher ohne Pause fast acht Stunden unterwegs. Erschöpft kam ich zu Hause an und ließ mich in einen Sessel fallen. Sofort sank ich in einen tiefen Zustand der Entspannung. Nachdenklich und müde betrachtete ich eine kleine Tonstatue, die ich selbst geformt hatte, als ich bemerkte, dass das Zimmer, wie von Licht durchflutet, immer heller wurde. Das geschah, so war mir bewusst, im Zusammenhang mit dem meditativen Betrachten der Skulptur. Plötzlich hörte ich eine Stimme, die zu mir sprach: „Ab jetzt und heute hast du die Heilerfähigkeit." Ich spürte, wie mein ganzer Körper zu kribbeln begann. Vor allem meine Hände waren heiß und extrem kribbelig. Dann war alles wieder ganz normal.

Lange noch dachte ich über das Geschehene nach und wusste es nicht zu deuten. Erst führte ich das Erlebte auf meine Übermüdung zurück. Doch später bestätigte sich die Aussage, die ich so deutlich vernommen hatte. Das starke Kribbeln und die Wärme in meinen Händen konnte ich nicht leugnen. Und seit dieser Zeit spürte ich tatsächlich noch mehr in meinen Händen, wenn ich Menschen berührte. Solche intensiven Erlebnisse, weiß ich heute, sind Geschenke.

Es brach eine Zeit an, die viel Disziplin von mir forderte, da ich immer noch nicht meiner früheren Beschäftigung im Büro nachgehen konnte. Jeder, der schon einmal längere Zeit krank war, weiß, was es heißt, „fleißiger" sein zu wollen, als zu können. Nun, ich begann, mir einen geregelten Tagesablauf zu gestalten, um nicht in Depression oder Suchtverhalten zu verfallen. Ich stand jeden Tag frühmorgens auf und meditierte. Daraufhin folgten die Übungen der „Fünf Tibeter", die mich darin bestärkten, dass es wichtig ist, den Körper wie die Seele zu kräftigen. Ich begann, mir selbst Bachblütenmischungen zu fertigen, um meine weiterhin labilen Gemütszustände zu stabilisieren. Alle diese Maßnahmen sowie natürlich eine gesunde Ernährung (ich war mittlerweile Vegetarierin geworden und trank keinen Kaffee mehr) trugen dazu bei, mich zu heilen. Weitere wichtige Aspekte waren für mich damals eine neue Achtsamkeit für meine Gedanken und die Gebete zu Gott und den Engeln. Ich stellte fest, welch enorme Negativprogrammierungen ich doch im Laufe der

Jahre gespeichert hatte, und versorgte mich mit guter Lektüre über positives Denken. Daraus erarbeitete ich mir Sätze, die speziell für mich richtig waren, um meine unzuträglichen Glaubenssätze, wie zum Beispiel „Ich kann das nicht", „Ich will nicht mehr", „Ich traue mich nicht", „Ich bin nicht wertvoll" usw. zu verändern. Jeden Tag schrieb ich mir ganze Karteikarten voller positiver Sätze, die ich mir regelmäßig bewusst vorsagte. Sätze wie „Ich bin vollkommene Gesundheit" und „Ich vertraue darauf, dass ich jeden Tag mehr Freude lebe" waren an der Tagesordnung. Und langsam brachten die neuen Affirmationen Erfolg.

Heute glaube ich, dass alles zusammen zu meiner Stärkung, Umwandlung und Heilung beitrug. Ich habe hart an mir gearbeitet, um mich wieder auf die Beine zu bringen und meinen Weg zu finden. Das Wichtigste in all dieser Zeit waren jedoch das Beten, mein Hoffen und mein Vertrauen, nicht aufzugeben, selbst bei Rückschlägen. Das Gefühl, geführt und nicht allein zu sein, war sehr stark geworden.

Ich nahm meine Arbeit wieder auf und merkte bald, dass diese Tätigkeit für mich nicht mehr stimmig war. Zu viel war in meinem Bewusstsein geschehen. Neues trat in mein Leben, und ich kam weiter mit der heilenden Kraft in mir in Berührung. Zum Beispiel verspürte ich einmal bei einer Freundin, die an Magenschmerzen litt, den starken Drang, meine Hand auf ihren Bauch zu legen. Sofort sagte sie: „Mein Magen wird ganz warm, fast heiß."

Innerhalb kurzer Zeit waren die Beschwerden tatsächlich verschwunden. Ähnliche Erlebnisse häuften sich mit Freunden und Bekannten. Anfangs befremdet, gewöhnte ich mich langsam an dieses Phänomen. Heute kenne ich die Erklärung dafür: Das Aufeinandertreffen gesunder und „kranker" Schwingungen bewirkt eine Umwandlung im geschwächten oder disharmonischen Feld in eine höhere, heile Frequenz. Eines Tages stand mein Entschluss fest, Heilpraktikerin zu werden. Und so erlernte ich diesen Beruf. Jeden Morgen stand ich dazu um sechs Uhr auf und studierte vor der Büroarbeit und abends wieder, oft bis spät in die Nacht hinein. Nach wenigen Jahren hatte ich die Heilpraktikerprüfung bestanden.

Ich bedankte mich bei Gott und seinen Engeln und freute mich wie ein Kind, hatte ich doch jetzt die Möglichkeit, Menschen durch meine Erfahrungen, meine Hände und mein Wissen zu helfen. Zunächst behandelte ich viele Freunde und Bekannte mit der mir mittlerweile sehr vertrauten Bachblütentherapie und allmählich mit Energiearbeit an den sieben Energiezentren. Positive Rückmeldungen meiner Bekannten über rasche Linderung ließen auf Empfehlung andere Menschen in meine Praxis finden. Es war nie große Werbung nötig, meine „Erfolge" sprachen sich herum. Ich war glücklich, hatte ich doch gefunden, was ich mir immer gewünscht hatte: mit Menschen zu arbeiten und ihnen zu helfen. Ich spürte jeden Morgen beim Aufstehen und beim Gedanken an meine Patienten Freude. Wie anders war dies im Vergleich zur Bürotätigkeit, die ich mittlerweile nur noch halbtags ausübte. Die Entscheidung, mich ganz auf den Heilpraktikerberuf zu verlegen, dauerte jedoch noch. Erst als die Patienten so zahlreich zu mir kamen, dass ich keine Zeit mehr hatte, ins Büro zu gehen, kündigte ich meine so sichere Stelle bei der Stadt. Alle diese Entscheidungen fällte ich immer für mich alleine, denn etliche Menschen in meinem Umfeld waren noch zu sehr vom „Sicherheitsdenken" geprägt. Ich selbst habe erst durch das Leid gelernt, zu vertrauen und erlebt, dass es immer wieder weitergeht, wenn wir bereit sind, uns an unsere Verbindung mit Gott zu erinnern und auf unsere innere Stimme zu hören, die genau weiß, was für uns gut und richtig ist.

Es gab eine Phase des Zweifels, ob ich mit meiner E-nergiearbeit „alles richtig" machte. Just in diesem Moment bekam ich die Möglichkeit, für eine kurze Zeit in einem englischen Heilerzentrum mitzuarbeiten, und durfte erleben, dass ich intuitiv all das in meiner Praxis bereits tat, was in England gelehrt wurde. Noch heute höre ich die Worte des dortigen Chief Healers: "Do it in your own way, it is the right way." Acht Jahre lang arbeitete ich insgesamt in meiner Praxis in Regensburg und habe es keinen Tag bereut. Dabei hat sich meine Arbeit ständig verändert und entwickelt, wie ich auch. Mit der Zeit konnte ich alle Chakren und Energiefelder sehen, die ich zuvor lediglich gespürt hatte. Jetzt erinnerte ich mich, dass ich als Kind wohl bereits feinstoffliche Energien wahrgenommen hatte, beispielsweise bei unserem Hund, worüber ich jedoch nie mit jemandem gesprochen hatte. Heute sehe ich deutlich die Chakren und Blockaden der Patienten im Energiefeld. Allein durch das begleitende Gespräch und die Bewusstmachung über die hinter den Blockaden steckenden Themen, die ich dem Patienten über die Durchgaben der Engel vermitteln darf, geschieht häufig bereits eine sichtbare Veränderung in der Aura. In Anbindung an die göttliche Quelle, die Erzengel, Jesus Christus und seit kurzem der Elohim erbitte ich vor jeder Sitzung göttlichen Schutz und göttliche Führung und lasse mich voll und ganz leiten.

Die Zusammenarbeit mit der Geistigen Welt ist, so empfinde ich es, eine beglückende, tröstliche, bereichernde – und darüber hinaus mitunter eine fordernde Tätigkeit. Wiederholt bin ich von meinen Engeln zum nächsten Schritt, zur nächsten Stufe, zur nächsten Aufgabe geführt worden. So wurde mir angezeigt, als es an der Zeit war, meinen Wohn- und Arbeitsort von Regensburg nach München zu verlegen. Genauso folgte ich meiner göttlichen Führung, als sie mich als Kanal und Medium für die Herstellung geistiger Essenzen nutzen wollten, die heute unter dem Namen COSMOMEDITERRA LIGHT FOR LIFE-ESSENCES bewährt sind. Das Sortiment ist inzwischen auf über 300 Essenzen angewachsen. Als Nächstes wurde mir aufgetragen, ein erstes Buch über meine Art der Energiearbeit sowie die Essenzen zu veröffentlichen. Mit Hilfe der Engel wurde auch dieses Projekt erfolgreich umgesetzt, sodass die Informationen aus der Geistigen Welt zu den Menschen gelangen konnten. Auch Meditations CDs sollte ich aufnehmen, damit die Menschen eine Möglichkeit bekamen, nach innen zu gehen, in die Stille und in ihr Herz.

Alsbald hieß es, ich solle eine Schule gründen, was für mich anfänglich ein ungeheuerliches Unterfangen darstellte. Nenne sie „Zeitgeist – die neue Schule für Auratherapie und energetische Heilweisen", wurde mir gesagt. Und wiederum fügte sich alles so wunderbar, dass ich tatsächlich in den Jahren 2003 bis 2011 erfolgreich die erste Schule für Auratherapie in München führte. Neben den Einzelsitzungen in Auratherapie bot ich nun eineinhalbjährige Ausbildungen an, aus denen bis dato mehr als 100 Auratherapeutinnen und -therapeuten hervorgegangen sind. Manche von ihnen sind mittlerweile selbst beratend oder heilerisch tätig, zum Teil in eigener Praxis, woraus wunderbare Kombinationen mit anderen Formen der Körper- oder Energiearbeit beziehungsweise mit psychologischen und systemischen Ansätzen entstanden sind. Ich freue mich über jeden Einzelnen, der seinen Weg findet, um wiederum einen Beitrag zum Heilwerden und zur Bewusstseinsentwicklung der Menschen zu leisten oder das Wissen für sich selbst zu nutzen, und danke ihnen allen.

Als ich mich – wieder einmal – recht gut eingerichtet hatte mit diesem Leben und Arbeiten und dachte, meine Form gefunden zu haben, führten mich die Engel wiederum einen Schritt weiter: Von nun an sollte ich Fortbildungen geben, zunächst sogenannte Wahrnehmungsschulungen – zur Verfeinerung unserer Sinne, als Beziehungsseminar, als Seminar über die wunderbare Wirkung von Farben, als Seminar zum Auraschutz und zur Aurastärkung usw. –, später die besonders intensive Transformationsschulung, die die Menschen näher an ihre Lebensaufgabe heranführen möchte. Damals nahm auch die Innere-Kind-Arbeit ihren Anfang und entwickelte sich über die letzten Jahre zu einer der wichtigsten Themen meines Schulungsangebots. In all diesen persönlichen und geschäftlichen Übergängen und Expansionsphasen, die durchaus reale Herausforderungen mit sich brachten, vernahm ich vielfach die Ermutigung, die zugleich liebevolle Aufforderung war: „Gehe durch, schreite mutig voran. Wir helfen dir!"

Wiederum ein entscheidende Ausweitung meines Tätigkeitsfelds begann vor cirka drei Jahren mit einer Erdheilungsschulung. Du bist Heilerin von Mensch UND Erde, wurde mir dazu gesagt. Die Zeit sei reif für globale Heilmaßnahmen. Mensch und Erde sind aufs Innigste verbunden und können nur gemeinsam in die Neue Zeit, in die neue Dimension, gehen. Welch wundervolle Erfahrungen durfte ich mit der Natur und mit naturliebenden Menschen machen, die sich mit mir auf diese Entdeckungsreise begaben, um die Natur wieder neu wahrzunehmen, zu erspüren und Ungleichgewichte zu harmonisieren beziehungsweise wieder ihre Sprache zu verstehen. Es ist ein Kreislauf: Die Natur kann uns so vieles geben, und wir sind aufgerufen, achtsam mit ihr umzugehen, deren Teil wir selbst sind. Heute sind konkrete Harmonisierungsmaßnahmen notwendig. Die Engel möchten uns leiten, damit alle drei

Ebenen, die himmlische, die ätherisch-irdische und die menschliche, sich gegenseitig unterstützen. Hinzu kamen in der Folge Karmaseminare für persönliche und kollektive Karmaauflösung, sogar Anleitungen der Geistigen Welt für Länderkarmaerlösungen, Naturgeisterseminare, Heilerschulungen für Menschen, Tiere, beeinträchtigte Kraftplätze und einiges anderes.

Letztes Jahr wurde mir zudem ein Umzug angekündigt und eine Umwandlung der Schule durch veränderte Schwerpunkte. Und tatsächlich hat meine Umsiedlung aus München in das Umland an den herrlichen Starnberger See trotz anfänglicher Sorgen reibungslos geklappt. Unter dem Namen *ZeitgeistSeminare* biete ich weiterhin vielfältige medial übermittelte Kurse und Workshops an, natürlich auch weiterhin die Ausbildung zum/zur Auratherapeuten/in. Und vermehrt tue ich dies auch in anderen Städten oder werde von den Engeln und Elohim gezielt an Orte geschickt, an denen ich – über geistige Fernheilung hinaus – vor Ort etwas in die Balance bringen darf. Die letzten Neuerungen sind spezielle Einweihungsseminare für Lichtarbeiter, die Elohimseminare sowie ein Telepathieseminar. Doch mir wurden bereits neue Themen genannt. So viele Informationen und Hilfestellungen hält die Geistige Welt – besonders die mächtigen Elohim – für uns noch bereit. Sie möchten uns in dieser besonderen Zeit darin unterstützen, die lichtvollen Wesen zu werden, die wir sind, und gleichzeitig mit beiden Beinen auf dem Boden zu stehen – hier auf unserer geliebten Mutter Erde

–, um mit ihr gemeinsam den Wandel herbeizuführen, den wir uns wohl alle ersehnen – für eine bessere Welt, in der Frieden und Freude herrschen, freie Entfaltung und Kreativität möglich sind und ein erfülltes Leben im Einklang mit der Natur und auch der Natur in uns, unserem göttlichen Wesen.

Mein Weg mit Gottes Führung bleibt spannend...

Womöglich gibt es noch einiges aus meinem Leben zu erzählen, über Dinge, die ich selbst vielleicht für gar nicht sonderlich interessant halte. Wesentlich ist mir jedoch, die Tatsache mit Ihnen zu teilen, dass ich gerade in den und durch die schweren Zeiten und in all den Umbrüchen meines Lebens erleben durfte, dass es Gott oder die göttliche Quelle gibt. Ich wurde mir der Verbindung mit der göttlichen Ebene durch Eingebungen, Engelerscheinungen, Träume und die innere Führung bewusst, die mich immer auf den rechten Weg hingewiesen haben. Heute ist mir diese Verbindung unerschütterbare Gewissheit und freudvolle Allgegenwärtigkeit geworden.

Ich wünsche mir, dass meine Geschichte Mut macht. Liebe Leserin, lieber Leser, seien Sie sich gewiss, dass auch Sie von (meist für uns noch) unsichtbaren göttlichen Engelwesen geführt und geleitet sind. Sie sind für Sie da, wenn Sie sie rufen. In Zeiten des Umbruchs und der Veränderung wie der unseren wünsche ich allen Lesern: „Mögen die Engel bei euch sein!"

Ich freue mich sehr darüber, meinen Weg und meine Berufung, nämlich als Mittlerin und Medium zwischen dem göttlichen Engelreich und den Menschen zu fungieren, gefunden zu haben. Mag jeder Leser unter der göttlichen Führung auch seinen Weg in dieser Inkarnation finden. Seien Sie unbesorgt: Ihr Inneres Kind hilft Ihnen und arbeitet liebend gerne mit den Engeln zusammen. Sie werden sehen...

Licht und Liebe und göttlichen Segen für alles Sein!

Ingrid Theresia Bleier

Farben, Farbessenzen und ihre Wirkung

Die Erfahrung lehrt uns, dass die einzelnen Farben besondere Gemütsstimmungen geben.

Johann Wolfgang von Goethe

Seit jeher nutzen Menschen die Kraft der Farben. Dass Farben auf unser Gemüt wirken, ist seit langem bekannt. Auch als explizite Heilmethode werden Farben bereits seit Längerem, beispielsweise in der Farbtherapie, genutzt. Farben sind Schwingungen und erzeugen eine bestimmte Resonanz oder Wirkung. Die für uns sichtbaren Farben können auch einzelnen Chakren (den Energiezentren der menschlichen Aura) zugeordnet werden und diese stärken beziehungsweise ausgleichen. Farben werden auch in Form des Aura Soma-Systems und natürlich genauso in der Werbung genutzt.

Nachfolgend möchte ich Ihnen die Wirkung der Farben vorstellen, da sie einen so einfachen und wunderbaren Weg darstellen, unsere Energien aufzufüllen und auszugleichen. Sie werden bemerkt haben, dass auch die Engel in den geführten Meditationen diesen Effekt nutzen. Sie „speisen und nähren" uns beziehungsweise unser Inneres Kind förmlich mit den Farbfrequenzen und helfen uns, diese Farbe(n) real in unser Leben einzubauen – in der Kleidung, in der Auswahl der Speisen, in der Gestaltung der Wohnung und Dekoration, für Badezusätze usw. Sie können auch die von mir geistig hergestellten Farbessenzen

(COSMOMEDITERRRA LIGHT FOR LIFE-ESSENCES) nutzen. Sie sind schnell verfügbar, überall dabei, sodass sie zum Experimentieren und Spüren einladen. Fragen Sie Ihr Inneres Kind! Aus meinem umfangreichen Essenzensortiment empfehle ich ganz besonders diese Essenzen immer wieder, bestehend aus einem Set von elf Farbessenzen, da sie so universell eingesetzt werden können.

Deshalb erläutere ich die Farbwirkung anhand der Durchgaben, die mir die Engel zu den einzelnen Farbessenzen gegeben haben, und wünsche Ihnen größtmögliche Unterstützung durch die wunderbare Welt der Farben.

☆☆☆

Wirkungsweise und Anwendungsmöglichkeiten der LIGHT FOR LIGHT Farbessenzen

Die Farbessenz Rot bewirkt Stärkung im Sinne einer Aktivierung der eigenen Substanz und der Verstärkung des Energieniveaus. Sie gibt Power und freudigen Tatendrang.

Die Farbessenz Orange ist die Farbe der Liebe zur Leichtigkeit und der freudigen Erwartung des Lebens. Sie ist stimmungsaufhellend und aufmunternd, fördert Begeisterung und Kreativität und vermag unser eigenes Feuer spielerisch zu aktivieren. Sie macht sozusagen „Lust und Laune" und lässt uns das Leben in all seinen Facetten genießen.

Die Farbessenz Gelb bewirkt Wärme, Gleichmut, Gleichklang und Frieden. Sie fördert die Entspannungsfähigkeit und stärkt, nährt und verhilft uns zu mehr Flexibilität und Spontaneität. Sie belebt das „sonnige Gemüt" im Menschen und schenkt Klarheit, Entscheidungskraft und Selbstbewusstsein.

Die Farbessenz Rosa bewirkt Liebe und eine Ausdehnung von Liebeswellen überallhin. Dies beinhaltet Nächstenliebe, seelische Wärme, Eigenliebe, Liebe zu allem Sein, Glücklichsein, ein Durchdrungensein und Berührtsein von Liebe und eine Ausdehnung der Herzfrequenz sowie besseren Gefühlsausdruck. Die Essenz stärkt ganz besonders das Handeln aus dem Herzen heraus und das Vertrauen in unser Herzgefühl.

Die Farbessenz Grün bewirkt vor allem Heilung und Wachstum. Sie lässt uns zudem von Freude, Mut und Kraft durchdrungen sein. Ferner steigert sie die Abwehrkräfte und erzeugt ein tiefes Ruhegefühl.

Die Farbessenz Blau gibt uns das ganze Spektrum von Dunkelblau bis Hellblau. Damit erzeugt sie in uns Leichtigkeit, Erholung, Frische und den Wunsch, zu kommunizieren und nach außen zu gehen, dabei jedoch gleichzeitig in uns zu ruhen und unsere innere Stärke zu spüren.

Weiß ist die Farbe der Reinheit, auch wenn sie alle Farben in sich trägt und spiegelt. Diese Essenz erinnert uns vor allem an Klarheit, Reinheit, Frieden, Stille und Weisheit. Sie fördert geistige Klarheit, Konzentration und Willensstärke oder hilft, diese zu bewahren.

Violett ist die Farbe der Transformation. Alles Alte wird gereinigt oder umgewandelt. Damit eröffnen sich neue Sichtweisen und Tore für die nächsten Entwicklungsstufen. Diese Essenz erzeugt außerdem die Leichtigkeit, sich mit der göttlichen Welt zu verbinden, und unterstützt spirituelles Wachstum. Darüber hinaus fördert sie Wahrnehmungsfähigkeit und Intuition.

Gold ist die Farbe der Einheit, der Meditation, der Weisheit, der Allwissenheit und der Erleuchtung. Diese Essenz bewirkt ein Durchleuchtetsein und gibt ein Gefühl von Geborgenheit, Fülle, Vertrauen und Sicherheit. Die goldene Farbschwingung stärkt unser Vertrauen darin, dass alles seinen Weg geht. Sie fördert das Wertbewusstsein im Menschen und schwingt uns höher durch die Erkenntnis der eigenen Göttlichkeit, das heißt, unseres Göttlichseins.

Die Farbessenz Silber

Menschen mit Silber-Überschuss sind eher selten und haben die Gabe, im göttlichen Einssein zu verweilen und doch in der Materie zu wirken und als spirituelle Lehrer auf die Materie Einfluss zu nehmen. Die Essenz bringt diese spirituelle Weichheit in die Aura und unterstützt den Menschen, das göttliche Verbundenheitsgefühl mehr in die materielle Welt hineinzubringen und damit Himmel und Erde zu verbinden.

Die Farbessenz Türkis gibt Weite, Mut, Kreativität mit Hingabe sowie Verspieltheit, wie Kinder sie kennen. Sie verhilft zu mehr Leichtigkeit mit innerem Frieden und einer erfrischenden Heiterkeit. Diese Farbessenz bringt Offenheit und Empfänglichkeit in den schöpferischen Ausdruck und unterstützt die Hingabe an die innere Führung in Freiheit.

Die Farben der Blumenwiese sind wie ein Hauch Gottes. Mögest du seinen Atem spüren, damit du überströmst an Farben, Duft und Freude.

Altirischer Segenswunsch

Allgemeine Wirkung der Farbessenzen

Die COSMOMEDITERRA Farbessenzen wirken auf verschiedenen Ebenen der Aura, des Körpers und der Seele. Der Einzelne wird in seinem ganzen Sein und in allen Anteilen mit dem Farbspektrum von der jeweiligen Farbe durchflutet. Überall dort, wo ein Defizit besteht, holt sich jeder Mensch das, was fehlt, aus der entsprechenden Farbessenz heraus und wird damit aufgefüllt. Dabei brauchen Sie keine Sorge vor Überaktivierung durch zu viel Farbe zu haben, denn alle Farbessenzen füllen nur auf, was aufgenommen werden kann und benötigt wird. Stellen Sie sich ein Glas vor, das befüllt wird. Sobald es voll ist, läuft die Flüssigkeit über den Rand hinaus. Das heißt, überschüssige Energie fließt einfach ab. Die Farbessenzen bieten uns eine gute Möglichkeit, uns aufzuladen und auszugleichen. Sie stärken die Farben unserer Aura und bringen sie zum Leuchten.

Anwendungsmöglichkeiten

Verwenden Sie die Farbessenzen als Schwingungsmittel in Ihrem Energiefeld (Ihrer Aura). Therapeutisch auch einschwingbar zum Beispiel über Orgon- oder Bioresonanzgeräte. Austestung zum Beispiel über Kinesiologie oder Radioästhesie. Es geht auch einfacher: Am besten fragen Sie Ihr Inneres Kind, welche Farbe es sich wünscht und braucht. Sie haben in den Meditationen erleben dürfen, wie gut das funktioniert.

Geben Sie die benötigte Farbschwingung ins Badewasser, in Duschbäder oder Körperöle. Die Farbessenzen eignen sich außerdem zum Aufstellen im Raum oder als Zusatz in Duftlampen beziehungsweise Zimmerbrunnen und als Verstärker für die Meditation. In kleinen Röhrchen abgefüllt, sind sie der praktische Energiebegleiter im „Hosentaschenformat". Unsere Kunden haben uns überdies berichtet, dass sie die Essenzen der Wandfarbe beigeben. Ich bin sicher, dass Ihnen im Zusammenspiel mit Ihrem Kind noch die ein oder andere gute Verwendungsmöglichkeit einfallen wird. Genießen Sie das „Farbbad" auf die Weise, die Ihnen am sympathischsten ist!

Weiter Informationen über die Essenzen finden Sie auf unserer Website unter

www.cosmomediterra.com.

Oder schreiben Sie uns bei Fragen per Email an

info@cosmomediterra.com.

Weitere Bezugsquelle:
Blaue Lichtburg
Seminare & Vertrieb
In der Steubach 1
57614 Woldert
Tel.: 02684-97848-10
Fax: 02684-97848-20
www.blaue-lichtburg.de
info@blaue-lichtburg.de

Herzlichst,
Ihre Ingrid Theresia Bleier und das
www.COSMOMEDITERRA.com Team

Farbe ist Leben, Leben ist Licht und Freude.
Freude ist Liebe.

Medial von Ingrid T. Bleier

Danksagung

Ich danke von ganzem Herzen, dass ich Kanal, Medium und Dienerin Gottes sein darf. Ich danke Gott und seinen Engelhelfern, dass sie mir das im vorliegenden Buch versammelte wunderbare Wissen als große Hilfe für die Menschen gegeben haben.

Besonderen Dank möchte ich meiner Freundin Elisabeth Strixner aussprechen, die die Übermittlungen aus der göttlichen Welt, die ich empfangen durfte, in die bestmögliche Form gebracht und strukturiert hat. Als von mir ausgebildete Auratherapeutin, die außerdem die Inneres-Kind-Seminare bei mir besuchte, und zugleich Sprachfreundin, wie sie es selbst nennt, brachte sie ideale Voraussetzungen mit, um mit den medial erhaltenen Inhalten achtsam umzugehen.

In enger Kooperation und im gemeinsamen Nachfragen bei der Geistigen Welt zu Aufbau und Formulierung der einzelner Kapitel und Abschnitte haben wir sichergestellt, dass Sinn und Wortlaut der Engelworte nicht verfälscht wurden und eine gut lesbare Struktur für Sie als Leser geschaffen werden konnte. Ich danke Elisabeth Strixner für die Begegnung sowie die perfekte Zusammenarbeit.

Selbstverständlich bedanke ich mich ebenso bei allen Engeln Gottes, die mich und uns dabei geführt und geleitet und alles aufs Beste gefügt haben, damit dieses Buch entstehen konnte.

Schließlich gilt mein herzlicher Dank dem behutsamen Lektorat und der großen Offenheit sowie visonären Herzenskraft der verantwortlichen Menschen des Smaragd Verlags.

Literaturempfehlungen

1) **Das ElternBuch:**
   http://www.amazon.de/Das-ElternBuch-geborgen-
   aufwachsen-werden/dp/3407858639/ref=sr_1_1?ie=
   UTF8&qid=1344325816&sr=8-1

2) **Das KinderBuch von Anna Wahlgren:**
   http://www.amazon.de/Das-KinderBuch-Menschen-
   werden-Sonderausgabe/dp/3407859163/ref=sr_1_1?
   s=books&ie=UTF8&qid=1344325912&sr=1-1

Leila Eleisa Ayach

Die Erbauer des Goldenen Zeitalters
Entstehung neuer Strukturen
112 Seiten, A5, broschiert, vierfarbig
ISBN 978-3-941363-87-8

Die Erbauer des Goldenen Zeitalters heißen Indigo-, Kristall- und Regenbogenkinder. Doch hier sind alle angesprochen. im Besonderen die Erwachsenen, unabhängig davon, ob sie Eltern sind oder nicht.

Die Kinder, die auf die Strukturen des Goldenen Zeitalters ausgerichtet sind, tragen Wissen und Lösungen in sich und verkörpern alle Eigenschaften des göttlich erwachten Menschen auf Erden. Durch ihr Sein erinnern sie uns immer wieder an unsere ureigenen Fähigkeiten, die wir längst vergessen haben.

Die Geistige Welt erinnert uns an verborgene Lösungen, die jeder von uns in sich trägt. Es geht um die Zukunft dieses Planeten und die Erschaffung von weltweitem Wohlstand und Fülle. Eine große Vision wird hier beschrieben, es ist ein Weckruf für eine ganze Generation. Wir alle tragen einen wichtigen Mosaikstein für die neu entstehenden Strukturen in uns.

Sabine Skala

Leben in der Neuen Zeit
Verbindung zur Siebten Dimension
224 Seiten, A5, broschiert
ISBN 978-3-941363-83-0

Dieser spirituelle Reiseführer bietet ein großes Spektrum an Hilfen und Möglichkeiten, in die nächsthöhere Schwingung aufzusteigen und dort beständig zu leben. Vorschläge, wie wir eigenverantwortlich handeln, leben und unsere Umgebung in ihrer Energie stärken und heilen können, werden in dieser besonderen Phase des Aufstiegs durchgegeben. So erhalten wir wichtige Informationen, wie wir in unsere Macht zurückkommen, um frei und wahrhaftig zu leben.

Neue Zeremonien, wie die Lichttaufe eines Kindes, überbringen uns Beispiele, wie wir alte Riten in die Schwingung der Neuen Zeit transformieren können. Mit vielen praktischen, energetischen und spirituellen Tipps für ein glückliches und erfülltes Leben in der Fünften Dimension und darüber hinaus.